Heidrun Kuhlmann

Ganz in Frieden schlafen

Geistliche Gedanken für eine gute Nacht

SCM
R.Brockhaus

SCM

Stiftung Christliche Medien

Der SCM-Verlag ist eine Gesellschaft der Stiftung Christliche Medien, einer gemeinnützigen Stiftung, die sich für die Förderung und Verbreitung christlicher Bücher, Zeitschriften, Filme und Musik einsetzt.

© 2015 SCM R.Brockhaus im SCM-Verlag GmbH & Co. KG
Bodenborn 43 · 58452 Witten
Internet: www.scmedien.de | E-Mail: info@scm-verlag.de

Die Bibelverse sind, wenn nicht anders angegeben,
folgender Ausgabe entnommen:
Lutherbibel, revidierter Text 1984, durchgesehene Ausgabe
in neuer Rechtschreibung, © 1999 Deutsche Bibelgesellschaft, Stuttgart.

Umschlaggestaltung: Yvonne Pils, Düsseldorf
Titelbild und Innenillustration: shutterstock.com © Julianka /
fotolia.com © jenshagen
Satz: Christoph Möller, Hattingen
Druck und Bindung: CPI books GmbH, Leck
Gedruckt in Deutschland
ISBN 978-3-417-26638-2
Bestell-Nr. 226.638

Inhalt

Einleitung: Guten Abend 5

1 Gute-Nacht-Geschichten 9
2 Zur Ruhe kommen 12
3 Aufgeräumt und heiter 15
4 Du nimmst den Tag mit in die Nacht 18
5 Einmal sehen wir uns wieder 21
6 Nachtvorstellungen 24
7 Versöhnte schlafen ruhiger 27
8 Wir leben von dem, was uns geschenkt wird . . . 30
9 In der Nacht ist der Mensch nicht gern allein . . . 33
10 Tun, was möglich ist – und es gut sein lassen . . . 36
11 Wenn es einen Mann nicht im Bett hält 39
12 Eine Leiter zwischen Himmel und Erde 42
13 Lebens-müde 45
14 Es wächst, während du schläfst 48
15 Sorgenfresser 51
16 Bleibe bei uns, denn es will Abend werden 54
17 Die Nacht der Verlassenheit 57
18 Der dich behütet, schläft
   und schlummert nicht 60
19 Meine Kraft ist in den Schwachen mächtig 63
20 Seht ihr den Mond dort stehen? 66
21 Liebevolle Aufmerksamkeit 69
22 Das Leben ist ein Wandern 72
23 Binde deinen Karren an einen Stern 75
24 Etwas nachklingen lassen 78
25 Bodyguard 81
26 Du kannst es nicht allen recht machen 84

27 Was der Mensch sät, das wird er ernten ...??? . . . 87
28 Offen für Überraschungen? 90
29 Die Welt ins Gebet nehmen 93
30 Für einen Augenblick die Welt vergessen 96
31 Jeder hat sein Päckchen zu tragen 99
32 Vergiss mein nicht 102
33 Den inneren Schatz hüten 105
34 Die weltweite Familie Gottes 108
35 Das Gute bemerken 111
36 Auch der Körper braucht Liebe 114
37 In den Ruhemodus schalten 117
38 Angst hat viele Namen 120
39 Feier-Abend 123
40 Perle der Nacht 126
41 Briefe schreiben – (k)ein Auslaufmodell? 129
42 Die Nacht, als der Himmel
die Erde berührte 132
43 Mit dem Kopf durch die Wand? 135
44 Nicht eingelöste Gutscheine 138
45 Keine Angst vor Riesen 141
46 Zu Hause sein 144
47 Von guten Mächten geborgen 147
48 Darf Liebe auch mal müde sein? 150
49 Ohne Krimi geht die Mimi nie ins Bett 153
50 Den Tag begutachten 156
51 Die Muße wiederentdecken 159
52 In der Mitte der Nacht 162

Anmerkungen / Verwendete Literatur: 165

Einleitung: Guten Abend

»Frau Kuhlmann, Sie liegen auf meinem Nachttisch« – ein schöneres Kompliment kann ich mir für eines meiner Bücher nicht vorstellen. Einen Menschen begleiten dürfen am Übergang vom Tag zur Nacht, das empfinde ich als Geschenk, das ist etwas Persönliches.

Schlafen ist wunderschön und wichtig. Immerhin verbringen wir ein Drittel unserer Lebenszeit im Schlaf. Ein Drittel! Mittlerweile habe ich folglich zwanzig Jahre im Bett verbracht. Das ist ein verblüffender Gedanke.

Der Körper braucht die Ruhepause zur Regeneration, damit die Zellen sich erneuern, die Nerven und Organe sich erholen, Erlebtes und Gelerntes verarbeitet werden kann. Erholsamer Schlaf ist gut investierte Zeit, ein »Gesundbrunnen«. Das Immunsystem wird gestärkt, die »Akkus« werden aufgeladen.

Manche schlafen »wie ein Bär« und wachen morgens entspannt auf, frisch und voller Tatendrang, putzmunter. Andere wälzen sich im Bett hin und her und kommen nicht zur Ruhe. Um sie herum ist es still, aber in ihrem Kopf fahren die Gedanken Karussell. Am nächsten Morgen fühlen sie sich wie gerädert.

Die Nächte entscheiden darüber, wie unsere Tage aussehen.

Die Tage entscheiden darüber, wie unsere Nächte aussehen.

Ob wir das so sagen können?

Jeden Abend legen wir den Tag aus der Hand. Den »Machern« unter uns fällt das nicht leicht. Wir haben Pläne und möchten alles im Griff haben. Nun müssen wir geschehen lassen, loslassen, uns dem Unbekannten, dem Geheimnisvollen, der Nacht, Gott anvertrauen.

Der Abend hat eine andere Stimmung und andere Themen als der Tag. Er lässt uns die Welt und ihre Menschen in einem anderen Licht sehen. Auch uns selbst. Tagsüber sind wir beschäftigt. Wir fühlen uns verantwortlich für das Gelingen des Lebens, für Menschen, die uns nahestehen. Nun spüren wir, wie begrenzt unsere Möglichkeiten sind. Am Morgen haben wir uns motiviert, haben Fahrt aufgenommen. Nun ist Entschleunigung angesagt. Schön, wenn wir Geschichten, Lieder, Bilder und gute Rituale zum Einschlafen, für den Übergang zwischen Aktivität und Hingabe, haben.

Der Gedanke daran, dass wir aufgehoben sind, tut gut; daran, dass Gott, der »nicht schläft und schlummert« (Psalm 121,4), nah ist in den Tagen und Nächten unseres Lebens, im Himmel und auf Erden, auch dort, wo wir keinen Einfluss haben. Ich möchte Sie einladen zu einer Entdeckungsreise zu innerem Frieden, zu Geborgenheit, zu Vertrauen, zum Wesentlichen. Wenn der eine oder die andere dann sagt: »Sie liegen auf meinem Nachttisch«, dann würde ich mich sehr freuen.

In herzlicher Verbundenheit,
Ihre Heidrun Kuhlmann

1 Gute-Nacht-Geschichten

Abend für Abend macht es sich auf den Weg zu den Kindern vor dem Fernsehgerät – per Hubschrauber, Schlitten oder Schiff. Der Besuch des Sandmännchens gehört in vielen Familien zu einem festen Ritual. Es bringt Geschichten mit, Geschichten zur guten Nacht, die Mut machen und trösten, bei denen die Kinder sich und ihre Welt gut aufgehoben wissen.

Kinder, liebe Kinder,
es hat mir Spaß gemacht!
Nun schnell ins Bett und schlaft recht schön,
dann will auch ich zur Ruhe gehn.
Ich wünsch euch gute Nacht.[1]

Gute Geschichten helfen beim Einschlafen. Am besten »live«, von Mama und Papa vorgelesen, mit kleinen Streicheleinheiten zwischendurch. Und am Ende mit Kuss, Gebet und Segen. Das Kind spürt dann: Neben Mama und Papa, die mich lieb haben und die für mich sorgen, gibt es den Vater im Himmel, dem alle Menschen am Herzen liegen.

Geschichten zur Nacht tun gut. Nicht nur Kindern, auch uns Erwachsenen. Sie sind eine Wohltat für Körper, Seele und Geist. Hoffentlich haben wir einen rei-

chen »Seelenfutter-Fundus«, aus dem wir schöpfen können. Nach einem prall gefüllten Tag, an dem uns vieles
in Beschlag genommen hat und unter die Haut gegangen
ist, tauchen wir ein in eine andere Welt. Wir wünschen
uns Behütetsein, jenes Wissen, dass Gott mittendrin ist,
wo immer wir sind, was immer uns schüttelt. Darf ich
Ihnen ein »geistliches Betthupferl« erzählen?

★ *Jeden Tag holte eine alte Frau Wasser aus dem
Brunnen, mit zwei Tonkrügen, die an einem Joch hingen, das sie über den Schultern trug. In einem Krug
brachte sie stets den vollen Inhalt nach Hause, in dem
anderen Krug nur die Hälfte des Wassers. Er hatte einen Sprung.*

*Der Krug mit dem Sprung schämte sich: »Es tut mir
leid, dass ich dir so viel Mühe bereite«, sagte er zu der
alten Frau, »du könntest es leichter haben, wenn ich
nicht diesen Makel hätte.«*

*Die alte Frau war gerührt, wie der Krug sich mit
einem schlechten Gewissen quälte. »Wenn wir das
nächste Mal unterwegs sind, dann achte doch einmal
auf die Wegesränder. Bestimmt wird dir auffallen, dass
an der rechten Seite des Weges wunderschöne Blumen
wachsen. Weißt du warum? Du hast sie gewässert,
Tag für Tag. Darum können sie so herrlich blühen. Du
weißt, dass ich regelmäßig einige der Blumen pflücke
und in meiner Hütte auf den Esstisch stelle.*

Ich habe gewusst, dass du einen Sprung hast, darum habe ich auf deiner Seite des Weges Blumensamen ausgesät. Ohne dich, so wie du bist, hätte ich mich nicht an Blumen erfreuen können.«[2]

Wie schön! Ich weiß mich aufgehoben mit dem, was ich eigentlich vorhatte – und doch nicht geschafft habe. Aus dem Unvollkommenen, was ich zu bieten habe, kann Gott Gutes wachsen lassen.

Jetzt, vor dem Zubettgehen, möchte ich Sie und mich daran erinnern, dass auch mit einem »Sprung in der Schüssel« Segen entstehen kann. Mit diesem Gedanken wünsche ich Ihnen eine gute Nacht!

Guter Gott,
Geschichten prägen unser Leben,
unser Denken und Fühlen,
unsere Abende und Nächte,
unsere Beziehungen und unsere Weltsicht.
Schenk uns Geschichten, die trösten und Angst nehmen,
die Mut machen,
von denen Kraft ausgeht,
die uns daran erinnern,
dass du ganz nahe bist.
Amen.

2 Zur Ruhe kommen

önnen Sie gut schlafen? Sie legen sich ins Bett – und noch bevor Sie Ihren Tagesrückblick oder Ihr Abendgebet beendet haben, sind Sie entspannt eingeschlummert? Sie glücklicher Mensch! Sicherlich werden Sie von vier Millionen Frauen und Männern in unserem Land beneidet, die sich damit quälen, dass sie nicht einschlafen oder durchschlafen können. Sie alle liegen im Bett, sind hundemüde, kommen aber nicht zur Ruhe. Bilder, Eindrücke, Nachrichten und Begegnungen des Tages sorgen für ein lebhaftes Kopfkino. Sie stehen »unter Strom«, sind »aufgedreht«. Es muss wohl noch vieles verarbeitet werden. Dieses fällt ihnen ein und das auch noch.

Wer ständig mit hohem Tempo unterwegs ist, sucht vergeblich nach dem inneren Schalter, mit dem er im Handumdrehen den Ruhemodus aktivieren kann. Wer zum Grübeln neigt, hat nun reichlich Gelegenheit dazu. Ob das anders ist, wenn Menschen körperlich so hart arbeiten müssen, dass für Gedanken am Abend schlicht und ergreifend die Kraft fehlt, weil sie hochgradig erschöpft sind?

Je mehr wir uns unter Druck setzen, dass wir unbedingt einschlafen müssen, weil am nächsten Morgen ein anstrengender Tag auf uns wartet, desto heftiger regt sich der Widerstand in uns. Auf einer Postkarte habe ich gelesen: »Gott, gib mir Geduld, aber bitte sofort!« Innere Ruhe lässt sich jedoch nicht erzwingen.

Was also tun? Eins, zwei, drei, vier, fünf, sechs ... Von der Großmutter habe ich als Kind das »Schäfchenzählen« gelernt. Ob sie damals gewusst hat, was es damit auf sich hat? Das Zählen lenkt die Gedanken auf die Schafe, lenkt damit ab von dem, was sonst noch im Kopf herumspukt; denn wir können immer nur einen Gedanken denken.

Gut, nicht jeder mag Schäfchen zählen. Was hilft sonst, damit Körper, Seele und Geist zur Ruhe kommen? Autogenes Training, Progressive Muskelentspannung nach Jacobson, warme Milch mit Honig, Baldriantee, die »Heiße 7« der Schüsslersalze, Aufschreiben, was am nächsten Tag zu tun ist, beruhigende Musik?

Für viele ist der folgende Weg zur guten Gewohnheit geworden: bewusstes Atmen. Tief atmen, spüren, wie der Bauch sich hebt und senkt. Zehnmal, zwanzigmal. Ein- und ausatmen. Das entspannt.

Wer mag, kann beim Einatmen denken: »Du bist da, Gott!«

Beim Ausatmen mag er loslassen, was ihn in Beschlag nimmt:

Ich lasse los, die Verantwortung für Menschen, die mir am Herzen liegen.

Ich lasse los, womit ich nicht im Frieden bin.

Ich lasse los, was mich aufwühlt, worüber ich mir Sorgen mache.

Wir können mit dem bewussten Ein- und Ausatmen auch für das Gute danken, das der Tag uns geschenkt hat. Normalerweise gibt es so viel zu danken, dass wir irgendwann wohlig müde darüber einschlafen.

Ich wünsche Ihnen, dass Sie *Ihre* Wege zur Entspannung und Ruhe für Körper, Seele und Geist finden.

Vater im Himmel und auf Erden,
um mich herum ist es still –
wie wohltuend nach einem prall gefüllten Tag!
Aber ich finde nicht zur Ruhe.
Gedanken und Bilder kommen und gehen,
machen mich kribbelig.
Wie gerne möchte ich
in deiner Nähe ruhig werden,
wie ein Kind in den Armen seiner Mutter.
Amen.

3 Aufgeräumt und heiter

Zwanzig Frauen sitzen in einer gemütlichen Runde zusammen, bei Wein, Gesang und Knabbereien. Die Abende im Rahmen unserer kleinen Auszeiten sind stets etwas Besonderes. Wir erzählen Geschichten, die das Leben schreibt. Stellen Sie sich einmal einen Raum vor, in dem zwanzig Frauen neben dem üblichen »Equipment« aus Gläsern, Wein, Bier, Wasser und Süßigkeiten auch noch Kostproben ihrer Handarbeitskunst und kulinarischen Fähigkeiten ausgebreitet haben …

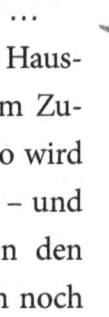

Unter den Teilnehmerinnen sind ausgebildete Hauswirtschafterinnen. Sie haben gelernt, dass vor dem Zubettgehen aufgeräumt wird, egal, wie spät es ist. So wird der nächste Tag nicht mit einer Hypothek belastet – und als positiver Nebeneffekt fördert das Aufräumen den Schlaf. Deshalb wird das kreative Chaos im Raum noch beseitigt, auch zu später Stunde.

Ist Ordnung etwas für kleine Geister, während die großen Geister das Chaos brauchen und beherrschen? Früher fand ich es ziemlich spießig, wenn Großmutter sagte: »Hältst Ordnung du, hält Ordnung dich.« Inzwischen lehrt mich meine Erfahrung: Ordnung tut gut.

Es gibt einen Zusammenhang zwischen einem aufgeräumten Haus und einem aufgeräumten Innenleben. Es gibt einen Zusammenhang zwischen Ordnung in finanziellen Dingen und ruhigen Nächten. Wenn geklärt ist, was wir klären können, wenn getan ist, was wir tun können, wenn alles seinen Platz hat, dann schafft das innere Freiheit, ein gutes Gefühl und Freiräume für Kreativität und Leichtigkeit.

Jahrelang war der Abend, an dem wir die Unterlagen für die Steuererklärung zusammengestellt haben, äußerst konfliktgeladen. Belege waren unauffindbar oder unvollständig. Eines Tages hatten wir die Faxen dicke: »Warum tun wir uns das an, es geht doch auch anders!« – Mittlerweile wird unterm Jahr alles am rechten Platz abgeheftet und ist dann griffbereit. Der Arbeitsaufwand hat sich minimiert und das eheliche Klima ist wesentlich entspannter.

Gott ist ein Gott der Ordnung. »Wie sind deine Werke so groß und viel! Du hast sie alle weise geordnet, und die Erde ist voll deiner Güter«, heißt es in Psalm 104, Vers 24. Gottes Schöpfung ist präzise und damit für uns Menschen in weiten Teilen berechenbar! Undenkbar, dass der Schöpfer sagt: »Huch, wo habe ich denn die Venus und die Pantoffeltierchen abgelegt? – Hat jemand die DNAs gesehen?«

Die jüdische Schriftstellerin Mascha Kaleko (1907-1975) schreibt in ihrem Gedicht »Sozusagen grundlos vergnügt«:

... In mir ist alles aufgeräumt und heiter:
Die Diele blitzt. Das Feuer ist geschürt.
An solchen Tagen erklettert man die Leiter,
die von der Erde in den Himmel führt.
Da kann der Mensch, wie es ihm vorgeschrieben,
weil er sich selber liebt, den Nächsten lieben.[3]

Aufgeräumt und heiter. Das fördert den Schlaf und die Lust am Leben. Das ist Reisen mit leichtem Gepäck.

Vor dem Schlafengehen bei einem kurzen Gang durch die Wohnung Ordnung schaffen, das ist ein heilsames Ritual. Dabei können wir alles Unaufgeräumte und Liegengebliebene des Tages Gott anvertrauen. Schlafen Sie gut!

Guter Gott,
wie schön, wenn alles aufgeräumt ist.
Damit lebt es sich gut.
Aber nicht alles lässt sich aufräumen,
auch nicht mit Disziplin und Übung.
Wenn die kleine und große Welt aus den Fugen gerät,
wenn Chaos in meinen Gefühlen herrscht,
Beziehungen feststecken,
dann bitte ich dich für das Unaufgeräumte in meinem Leben.
Ich befehle es dir an.
Amen.

4 Du nimmst den Tag mit in die Nacht

»Sey mit Lust bey den Geschäften am Tage, aber mache nur solche, daß wir bey Nacht gut schlafen können.« – Mit dieser Maxime hat die Lübecker Kaufmannsfamilie Buddenbrook gelebt. Sie war ihre Grundlage für Erfolg und Macht. Enkel Thomas hat jedoch mit dieser Familienregel gebrochen. Als Kind seiner Zeit hat er in leichtsinniger Weise spekuliert und mit dem Risiko gespielt. Eine Getreideernte, die noch auf dem Halm stand, hat er als Schnäppchen, zum halben Preis, gekauft. Ein Hagelschauer hat dann alles vernichtet.

»Sey mit Lust bey den Geschäften am Tage, aber mache nur solche, daß wir bey Nacht gut schlafen können.« – So kunstvoll, wie Thomas Mann das in seinem Roman ausgedrückt hat, vermag es der Volksmund nicht zu formulieren, aber gemeint ist wohl das Gleiche: »Ein gutes Gewissen ist ein sanftes Ruhekissen.«

Mit Lust dürfen wir den Tag gestalten, »unseren Geschäften« nachgehen, ausgestattet mit Verstand, Talent, Kreativität und Tatkraft. Die Erde ist uns anvertraut. Wir sind dafür zuständig, dass sie ein wohnlicher Ort ist oder wird, jeder im Rahmen seiner Möglichkeiten.

Es ist ein gutes Gefühl, wenn wir sagen können: »Ich habe getan, was mir möglich war, so gut, wie es mir möglich war!« Ich habe mich eingemischt, wo es mir wichtig erschien. Ich habe mir Zeit für einen wichtigen Besuch genommen, obwohl der Tag voll war. Ich habe versucht, einen geraden Weg zu gehen, in Verantwortung vor Gott und den Menschen. Das schafft innere Freiheit und Zufriedenheit, einen »offenen Blick«. Das bin ich mir wert!

Das Gegenteil kennen wir auch, dass wir feige gekniffen haben, weil es bequemer war, dass wir bei einer Entscheidung zu kurz gedacht haben, nicht im Blick hatten, was sich langfristig daraus entwickelt. Es gibt Dinge, die kleben wie Hundedreck unter unseren Schuhen. Wo wir auch hingehen, verbreiten sie einen unangenehmen Duft – oder trommeln im Unterbewusstsein: »Das war nicht in Ordnung, und das weißt du auch.« Und dann machen wir uns Vorwürfe. »Hätte ich doch ...!«

Auch dieser Tag wird etwas offen lassen. Manche Knoten und Verstrickungen konnten wir nicht lösen. Obwohl wir viel gebügelt haben, konnten wir nicht alles glätten. Mag sein, dass wir den Kopf in den Händen vergraben und beten:

Vater im Himmel,
ich übergebe dir meinen Tag,
mit allem, was war.
Du weißt um Bewusstes und Unbewusstes,
um Einfühlungsvermögen und Gedankenlosigkeit.
Du weißt, was ich getan und versäumt habe.
Du weißt, wie das, was ich gesagt und nicht gesagt
habe,
bei Menschen angekommen ist.
Ich bitte dich um deine Gnade
und um deinen Segen für diesen Tag
und für diese Nacht.
Amen.

5 Einmal sehen wir uns wieder

*W*enn er sein Lied »Amoi seg' ma uns wieder« singt, sind Tausende tief ergriffen. Es gibt keinen Beifall, aber eine kaum zu beschreibende Verbundenheit, weil viele wissen, wie das ist, wenn man von einem lieben Menschen Abschied nehmen muss.

Andreas Gabalier, Jahrgang 1984, habe ich bislang als fröhlichen und sympathischen Burschen wahrgenommen, als »Alpen-Elvis« in der feschen Lederhose. In einer Talkrunde erzählt er dann, welche Familientragödie ihn aus der Bahn geworfen hat:

2006 hat sich sein Vater vor dem Wohnhaus mit Benzin übergossen und verbrannt. Weil sie nicht damit fertig werden konnte, hat es die jüngere Schwester, das »Papa-Kind«, dem Vater gleichgetan, zwei Jahre später, auf die gleiche Weise.

Abschiednehmen tut weh, entsetzlich weh. Ein Teil unseres Lebens ist nicht mehr da, es bleiben quälende Fragen. Das Leben bekommt eine vorher nicht gekannte Schwere. Einige beschreiben es so, als hätte es ihnen den Boden unter den Füßen weggerissen. Wenn etwas Zeit verstrichen ist, meinen die anderen, nun könne alles »normal« weitergehen. Es geht aber nicht normal weiter, die Trauer wird zum stillen Begleiter. Sie taucht sogar in Momenten auf, in denen das Leben seine schönen Seiten zeigt. Der Trauernde »funktioniert«. Nach außen wirkt er wie früher, aber in seinem Innern sieht alles ganz anders aus. An manchen Tagen weiß er nicht, wofür es sich zu leben lohnt.

Wie kann ein junger Mann damit umgehen, wenn er derart Schlimmes erlebt hat wie Andreas Gabalier? Wie kann er damit weiterleben? Der Österreicher kaufte sich eine steirische Harmonika und schrieb Lieder. Er fand in der Musik ein Ventil für das, was in ihm wühlt.

> *Alles, was bleibt, ist die Erinnerung –*
> *und schön langsam wird dir klar, dass nichts*
> *mehr ist, wie es war.*
> *Dann soll die Hoffnung auf ein Wiedersehn mir*
> *die Kraft in meinen Herzschlag legen, um weiter-*
> *zuleben.*
> *Ein Licht soll dir leuchten bis in die Ewigkeit,*
> *zur Erinnerung an deine Lebenszeit.*
> *Einmal sehen wir uns wieder, einmal schau ich*
> *auch von oben zu ...*

Die Reaktionen der Zuhörer haben Andreas Gabalier getröstet, ihr Weinen, ihre Briefe, ihre Ergriffenheit. Sie haben ihm gezeigt: Jeder hat seins zu tragen, jeder hat wunde Stellen in seinem Herzen. Du bist mit deiner Traurigkeit getragen in einer großen Gemeinschaft.

Der Musiker sagt: »Ich wollte mein Leben nicht aufgeben. Es wird immer Tiefschläge geben. Bleib nicht liegen, steh auf und schau nach vorn. Später werde ich Antworten bekommen auf das, was ich nicht verstehe, bis dahin will ich leben und mich nicht mit den Warums quälen.«

Was er erzählt, erinnert an ein Wort, das dem Kirchenvater Augustinus (354–430) zugeschrieben wird: »Auferstehung ist unser Glaube, Wiedersehen unsere Hoffnung, Gedenken unsere Liebe.«

Ich wünsche Ihnen diesen Trost tief im Herzen.

Vater im Himmel und auf Erden,
ich glaube, dass die Liebe bleibt.
Aus dem Tod wächst neues Leben.
Wir werden staunen, wenn du uns empfängst im
ewigen Zuhause,
wenn vollendet ist, was wir in dieser Welt nicht vollenden können,
wenn Tränen getrocknet sind.
Es wird Freude sein,
wenn wir uns wiedersehen,
wenn wir mit Himmelswissen auf unser Leben
schauen.
Ich glaube, dass die Liebe bleibt.
Amen.

6 Nachtvorstellungen

Welche Rolle spielen Träume in Ihrem Leben? Können Sie als »Realist« nichts damit anfangen – reimen sich Träume auf Schäume? Was passiert überhaupt, während wir schlafen? Wer bestimmt die Filme, die in der Nacht ablaufen, wenn wir träumen? Manchmal können wir uns am nächsten Morgen an sie erinnern, manchmal haben wir gar nicht wahrgenommen, dass es während des Schlafs persönliche »Nachtvorstellungen« gegeben hat.

Wie kommt es, dass wir nach einer Nacht froh, gut gelaunt und voller Tatendrang aufwachen – und uns nach einer anderen wie gerädert fühlen, den ganzen Tag über unruhig sind?

Je voller und turbulenter unsere Tage, desto mehr haben wir in der Nacht zu tun. Je weniger wir tagsüber Gelegenheit hatten, die Erlebnisse und Nachrichten des Tages zu verarbeiten, desto mehr sind wir in der Nacht damit beschäftigt. Es gab Begegnungen, Gefühle, Wahrnehmungen, mit denen wir noch nicht fertig sind. Wen wundert es da, dass sie sich in der Nacht noch einmal zu Wort melden? Manche Lebensthemen werden in unseren Träumen angetippt – was wir verdrängen, wovor wir weglaufen, was zu kurz kommt.

Es gibt Träume, die immer wiederkehren. Bei mir ist

das der folgende: Ich will aus dem Haus zu einem Vortragstermin gehen und komme einfach nicht weg. Die Kleidungsstücke, die ich anziehen will, sind nicht gebügelt oder passen nicht zusammen. Der Autoschlüssel und das Manuskript sind unauffindbar. So schludrig kann ein Mensch nicht sein, ist der erlösende Gedanke, wenn ich schließlich schweißgebadet aufwache.

Was lässt mich an mir zweifeln? Was hält mich auf? Was setzt mich unter Druck? Wovor habe ich Angst? Es ist spannend, wenn wir mit unseren Träumen ins Gespräch kommen.

Eine Frau hat mir den folgenden Traum erzählt: Sie wollte auf Reisen gehen. Gleich vier Koffer hatte sie dabei! Der Weg zum Zug war eine Tortur. Als sie endlich mit ihrem ganzen Gepäck auf dem Bahnsteig angekommen war, völlig fertig von der Schlepperei, schlossen sich die Türen des Zuges. Der Zug setzte sich ohne sie in Bewegung. Man muss wohl kein Psychotherapeut sein, um zu ahnen, was solch ein Traum sagen könnte: dass jemand mit zu viel Gepäck unterwegs ist im Leben, dass jemand sich überfordert fühlt.

Was steckt dahinter, wenn wir in unseren Träumen fallen, immer tiefer fallen, wenn wir von schrecklichen Gestalten verfolgt werden? Im jüdischen Talmud gibt es eine Weisheit: »Wenn du deine Träume vernachlässigst, kannst du ebenso gut deine Post ungeöffnet liegen lassen.« Das ist ein großer Satz. Träume gehören zu uns, genau wie das, was wir im wachen Zustand denken, fühlen und tun. Sie haben uns etwas zu sagen, können uns auf etwas aufmerksam machen, wofür wir tagsüber nicht offen sind.

Ich wünsche Ihnen gute Träume und Offenheit für das, was sie sagen möchten. Es gibt viele Beispiele dafür, dass Träume Menschen verändert haben, dass Gott es »den Seinen im Schlaf gibt« (Psalm 127,2). Gute Nacht.

Guter Gott,
Josef wundert sich, dass Maria schwanger ist.
Alle menschlichen Erklärungsversuche sind
vergeblich.
Im Traum wirst du das Unsagbare sagen.
Auch heute? Auch mir?
Rüttel mich wach, wenn ich tagsüber nicht offen bin
für deine Botschaft.
Gib mir einen Hinweis vor wichtigen Entscheidungen.
Nimm mir die Lebensangst durch Zeichen deiner
Nähe.
Schenk mir Bilder von Lebendigkeit und Weite.
Amen.

7 Versöhnte schlafen ruhiger

Sie war ärgerlich auf ihren Mann. So verletzt und enttäuscht war sie, dass sie weg wollte, weit weg. Die Kinder lagen im Bett, schnell hatte sie ihre Tasche mit dem Nötigsten gepackt und ging los – mit Tränen in den Augen. Nach einem Kilometer fragte sie sich: Wo soll ich denn hin, ohne Auto, ohne Verwandte in der Nähe, ohne Geld? Was soll aus den Kindern werden, die ich zurückgelassen habe? Ob er mich schon sucht und um Verzeihung bitten will?

Sie kehrte um. Als sie eine halbe Stunde später ihr Wohnzimmer betrat, lag ihr Mann schlafend auf dem Sofa. Später fragte er beiläufig: »Wo warst du denn vorhin?«

Es gibt Situationen, in denen etwas in einem Menschen überkocht. Da hat sich derart viel aufgestaut, dass es endlich raus muss. Viel zu lange hat einer geschluckt und um »des lieben Friedens willen« manches unter den Teppich gekehrt.

Klärung ist wichtig. Wenn Menschen miteinander durchs Leben gehen, muss vieles gemeinsam bedacht, müssen viele Absprachen getroffen werden. »Du siehst die Dinge so. Ich sehe die Dinge anders. Du brauchst deinen Freiraum. Ich brauche meinen Freiraum. Wie können wir einen gemeinsamen Weg finden?«

Manchmal müssen Frauen und Männer auf den Tisch hauen, wenn ständig jemand ihre Grenzen verletzt und ihnen die Luft zum Atmen nimmt. Manchmal müssen auch die eher stillen Zeitgenossen Klartext reden, wenn sie unter emotionalen Druck gesetzt werden, wenn sie wenig Anerkennung und viel Gegenwind bekommen. Was jemand bei uns »Macken« nennt und völlig unakzeptabel findet, darf er bei sich selbst nicht unter »special effects« laufen lassen – wie ich das auf einer Karte gelesen habe.

Rupertus Meldenius, ein weiser Mann aus dem 17. Jahrhundert, hat geschrieben: »Im Notwendigen Einheit, im Zweifel Freiheit, in allem Liebe.« Darüber können wir lange nachdenken – in allem Liebe! Was fällt Ihnen dazu ein, am Abend dieses Tages, in Bezug auf die Beziehungen, die Ihnen wichtig sind? Im Neuen Testament steht: »Lasset die Sonne nicht über eurem Zorn untergehen« (Epheser 4,26).

Streit kommt vor, Klärungen müssen sein. Wenn es irgendwie möglich ist, vertragen Sie sich wieder mit dem anderen, bevor Sie ins Bett gehen. Es wird Ihnen besser gehen und Sie werden ruhiger schlafen! Es ist nicht gut, wenn negative Schwingungen neben uns im Bett liegen oder mit uns unter einem Dach wohnen.

Also gut, soll ich über meinen Schatten springen, einen ersten Schritt tun, ein versöhnendes Wort sagen? Warum immer ich? Weil es förderlich ist für meinen inneren Frieden, für meine Nerven und Magenwände und für meinen Schlaf, und weil Hinunterschlucken keine Lösung ist.

Schalom!

Barmherziger Gott,
du weißt, es ist schnell passiert.
Die Bemerkung ging tief, das Verhalten hat mich verletzt.
Es kocht in mir,
im Keller möchte ich an die Wand treten und meiner Wut freien Lauf lassen.
Ich fühle mich im Recht, aber nicht gut.
Wie finden wir einen Weg, mit dem wir beide gut leben können?
Ich brauche Weisheit,
und wenn es geht, misch dich ein, schick Einsichten und Klärungen,
erinnere uns an die Liebe.
Amen.

8 Wir leben von dem, was uns geschenkt wird

Sie ist eine Powerfrau. Beim Abschied aus ihrem Amt wurde sie für all das gewürdigt, was sie bewegt und zum Blühen gebracht hat, für zahlreiche Projekte, die sie ins Leben gerufen hat, für ihre zielstrebigen Verhandlungen mit Politik und Verbänden. Sie hat die Zeichen der Zeit erkannt und sich klug, mit einer unglaublichen Tatkraft eingemischt. Mit ihrer Einstellung »Ich liebe die Arbeit«, mit ihrem Charme und ihrer Verbindlichkeit ist sie für mich zu einem Vorbild geworden.

Nach zahlreichen Reden mit viel Lob und Anerkennung sagte sie zum Schluss: »Wir wollen nicht vergessen: Das Wesentliche im Leben wird uns geschenkt, es fällt uns zu, von anderen Menschen oder von weiter oben.« Das macht die Größe eines Menschen aus, wenn er weiß, dass er sich jemandem zu verdanken hat!

Wie war Ihr Tag? Haben Sie viel geschafft? Sind Sie zufrieden mit sich? Kann sich das sehen lassen, was Sie geleistet haben? Können Sie sich auf die Schulter klopfen und sagen: »Das hast du gut gemacht?«

Wie war Ihr Tag? Ist einiges offen geblieben? Waren Sie eher getrieben als aktiv gestaltend? Haben Sie etwas vor sich hergeschoben? Wie ist Ihre Stimmung, wenn Sie zurückschauen?

Im Neuen Testament wird von jungen Männern erzählt, die voller Enthusiasmus und Tatendrang losziehen. Sie wirken mit an der Geschichte, die durch Jesus begonnen hat, an der Geschichte des Heilens, der Versöhnung, des Tröstens, des Friedens und der Liebe. Am Abend kommen sie voller Stolz zurück. Sie schweben auf Wolken, können selbst kaum fassen, was alles durch sie geschehen ist. »Stell dir vor, wir haben sogar böse Geister ausgetrieben! Ist das nicht toll?«

Und was sagt Jesus? »Freut euch, dass eure Namen im Himmel geschrieben sind!« (Lukas 10,20).

Was heißt das? Wir sind geliebt, geborgen, gewollt und gesegnet, jetzt und bis ans Ende der Welt – vor allem darauf kommt es an, nicht auf unsere Taten und Auszeichnungen. Der ferne Gott ist uns nah. Er ist unser Reichtum, ist die nie versiegende Quelle, aus der wir schöpfen können. Es spinnt im Verborgenen seine Fäden. Das ist das Entscheidende.

Es ist schön, wenn wir erfolgreich sind, wenn uns etwas gelingt, wenn wir unsere Begabung, unser Wissen und unsere Freundlichkeit nicht verbuddeln – sondern die Welt damit bereichern. Es ist schön, wenn alles gut läuft, wenn die Menschen uns mögen. Noch wichtiger ist aber, dass unsere Namen im Himmel verewigt sind. Auch, wenn unsere Resultate mäßig sind, wenn wir beeinträchtigt sind, wenn wir nicht können, wie wir möchten. Alles wird gut!

Sie ist eine Powerfrau, kreativ, klug, einfühlsam – und

gleichzeitig weiß sie: Das Wesentliche fällt uns zu: die Rahmenbedingungen, die Prägungen, die richtigen Begegnungen, die Gunst der Stunde, ob Segen auf unserem Tun liegt. Sie weiß: »Es geht durch unsre Hände, kommt aber her von Gott.«

Das ist gut zu wissen in den Tagen und Nächten des Lebens.

Guter Gott,
heute Abend denke ich daran,
wie viel Gutes mir zugefallen ist von dir.
Du hast Chancen geschenkt, sanft gelockt, bewahrt
und gelingen lassen.
Du hast Menschen geschickt,
Weichen gestellt, im Hintergrund arrangiert.
Danke.
Amen.

9 In der Nacht ist der Mensch nicht gern allein

Am liebsten arbeitet sie in der Nachtschicht. Dann steht sie nicht unter dem enormen Zeitdruck wie im normalen Klinikalltag. Es ist ruhiger, es gibt Nischen für Menschlichkeit. Für das, weshalb sie damals Krankenschwester geworden ist: Sie wollte den Menschen nahe sein. »In der Nacht sind die Menschen offener, ehrlicher und dünnhäutiger«, sagt sie. Sie trauen sich zu sagen und zu zeigen, was sie tagsüber verbergen.

Wie oft hat sie in der Nacht am Bett eines Patienten gesessen, hat die Hand gehalten, zugehört, Tränen und Fragen ausgehalten. Solche Nähe lässt sich nicht im Minutentakt geben, wie er heute im pflegerischen Bereich üblich ist. In der Nacht öffnen sich Seelen. Die Nachtschwester hat einiges gehört: »Was ahnen wir schon von dem, was Menschen in ihrem Innersten verbergen!«

Eine Frau hat Angst vor der Operation am nächsten Tag. Es steht viel auf dem Spiel. Tagsüber hatte sie viel Besuch. »Es wird schon alles gut gehen!«, haben sie ihr gesagt, »das wird schon wieder, du wirst sehen – und dann wirst du wieder Freude am Leben haben!« Alle wissen, wie krank sie ist, aber sie vermeiden, darüber zu sprechen. So reden sie über dies und das, keiner will wissen, wie es ihr wirklich geht. Keiner fragt nach dem Druck, unter dem sie steht, nach dem, was ihr die Ruhe raubt, worüber sie sich Gedanken macht. Sie reden und reden – aber letztlich am Eigentlichen vorbei.

In der Nacht sprudelt es aus der Frau heraus. Sie erzählt von Geschichten hinter ihrer Krankheitsgeschichte, von Demütigungen, von der heilen Welt, die sie nach außen zeigt, den vielen Baustellen ihres Lebens und der Erfahrung, dass eine Menge schiefgelaufen ist. Die Nachtschwester hört zu, hört heraus, wovon die Patientin zu viel und wovon sie zu wenig hat. Sie gibt keine Ratschläge, allein von ihrer Nähe geht etwas Heilsames aus.

Ein alter Mann quält sich mit Albträumen. Die Erinnerungen an den Krieg hat er viele Jahre verdrängt. Er hat mit seinen Kindern und Enkeln nicht über das sprechen können, was er erlebt und gesehen hat. Was er wirklich erlebt hat. Jetzt kommt alles hoch, mit voller Wucht. Schweißgebadet wacht er auf. Er ist dankbar, dass sich die Schwester zu ihm ans Bett setzt und sein Stammeln und Weinen aushält – und ihn segnet.

Was möchten Sie loswerden, weil Sie allein nicht damit fertig werden? Wann wünschen Sie sich jemanden, der zuhören kann, bei dem Sie sich gut aufgehoben wissen mit dem, was ist, was war und was Sie erwartet?

Ich wünsche Ihnen heute Abend, dass Sie Gott so erleben wie die Kranken die Nachtschwester, von der ich erzählt habe. Es gibt diese wertvollen Momente, in denen wir Erleichterung erfahren und Gott, dem tiefen Frieden, ganz nah kommen – egal, wie unruhig sich das Leben zeigt.

Wie wohltuend, wenn einer geduldig zuhört, ohne zu werten, ohne kluge Ratschläge zu erteilen – und uns Einsichten schenkt, die weiterbringen.

Guter Gott,
wirst du da sein heute Nacht?
Wirst du da sein, wenn es dunkel ist in meinem
Leben?
Wirst du da sein, wenn sich in mir zu Wort meldet,
was mich nicht zur Ruhe kommen lässt?
Ich bitte dich um deine Nähe.
Amen.

10 Tun, was möglich ist – und es gut sein lassen

*E*r hat getan, was ihm möglich war, der Mann aus Samarien. Als er einen verwundeten Mann am Straßenrand fand, hat er spontan erste Hilfe geleistet, hat den Mann auf seinen Esel gepackt und zum nächsten Gasthaus gebracht. Krankenhäuser gab es damals nicht – vor 2000 Jahren.

Und dann? Dann hat er die weitere Versorgung »delegiert«, dem Wirt etwas Geld dagelassen und ist weitergezogen, denn er hatte zu tun, musste seinen beruflichen Verpflichtungen nachkommen (Lukas 10,30-37).

Der »Barmherzige Samariter« gehört zu den bekanntesten Personen des Neuen Testaments. Er ist Menschen auf der ganzen Welt für Nächstenliebe und Zivilcourage zum Vorbild geworden. Der Samariter schaut nicht weg, als jemand Hilfe braucht. Er fühlt sich zuständig. Er lässt sich auf seiner Reise, bei seinen Aufgaben unterbrechen. Er gibt etwas von seiner Zeit und seinem Geld. Er tut, was ihm auf dem Wege und in jener Situation möglich ist. »By the way!« Mehr nicht, weniger aber auch nicht!

Und dann? Dann hat er zum Wirt gesagt: »Wenn ich das nächste Mal vorbeikomme, bezahle ich, was du auslegen musst, dann kann ich mich weiter kümmern, wenn es erforderlich ist!«

Wann haben wir jemals genug getan? Wer eine Antenne hat für das, was um ihn herum geschieht, wer sich verantwortlich fühlt, der weiß: Es bleibt immer etwas offen. Auch heute Abend wird uns das eine oder andere noch einfallen.

Ich wünsche uns die Leichtigkeit des Samariters. Auf dem Wege tun, was möglich ist, geben, was wir an Zeit und Geld, an Hilfe und Freundlichkeit geben können – und es dann gut sein lassen. Wir können nicht immer lieben. Wir können uns nicht für alles und alle zuständig wissen.

Ein alter Kunstmaler war in die Jahre gekommen. Das, was seinen Bildern das berühmte »Etwas« gegeben hatte, sein Markenzeichen, das gelang ihm nicht mehr. Die Leichtigkeit war weg. Er war müde. Niedergeschlagen legte er sich ins Bett.

Der Sohn kam spät nach Hause, sah das Bild des Vaters, an dem er in den vergangenen Tagen gearbeitet hatte. Er erkannte sofort, dass etwas fehlte – das, wofür sein Vater berühmt war. Da der Sohn auch Kunstmaler war, wusste er, wie er mit wenigen kleinen Strichen ergänzen konnte, was dem Vater nicht gelungen war.

Am nächsten Morgen wachte der Vater auf, schaute auf sein Bild und strahlte: »Ich bin doch besser, als ich gestern Abend gedacht habe!«[4]

Wenn ich das lese, muss ich lächeln. So stelle ich mir Gnade vor.

Dass sie gut sein lassen, was Sie getan haben, das wünsche ich Ihnen heute Abend. Ihre Versuche, Ihre Hilfe, Ihre Mühe, Ihre Liebe, Ihr Fragment. Gott nimmt das, was Sie geben, als Teil seiner Segengeschichte und macht etwas daraus.

Guter Gott,
ich liebe die Geschichte von dem alten Kunstmaler.
Was für ein Trost!
Mit meinem »Zuwenig« bin ich aufgehoben in deiner Fülle.
Dieser Gedanke macht mich ruhig:
Du mit deinem Segen besserst nach,
was ich getan und gesagt und gewagt habe,
während ich schlafe.
Danke.
Amen.

11 Wenn es einen Mann nicht im Bett hält

*E*s ist spät. In den meisten Häusern sind die Öl-lampen längst verloschen. Einen Mann hält es in dieser Nacht allerdings nicht im Bett: Nikodemus. Als kirchlicher Würdenträger ist er mit den Geboten Gottes und den dazugehörigen Anwendungsregeln bis ins kleinste Detail vertraut. Als Mitglied des Obersten Gerichtshofes ist es seine Aufgabe, Irrlehren aufzudecken und zu unterbinden. Nikodemus ist ein Großer seiner Zeit, klug, vorbildlich, fromm und belesen. Sein Wort hat Gewicht.

Warum kann er nicht schlafen? Warum macht er sich auf den Weg durch die Stadt? Warum verhüllt er seine vornehme Erscheinung mit einem weiten Gewand, so-dass ihn keiner erkennen kann? Warum ist er unterwegs zu Jesus von Nazareth, einem Wanderprediger, mit dem er tagsüber von Amts wegen nichts zu tun haben will und nichts zu tun haben darf? Was sucht er? Welche Überwin-dung muss es ihn gekostet haben, an der Tür des Hauses zu klopfen, in dem Jesus sich aufhält? Soll er – oder soll er nicht? Kann er sich das überhaupt leisten? Wenn das rauskommt, was dann? Es ist nicht auszudenken.

Dann gibt er sich einen Ruck. Der junge Mann, der ihm die Tür öffnet, versteht die Welt nicht mehr. »Niko-demus? Du? Hier?« Die Männer im Haus können nicht fassen, was sie sehen. Ein Mann wie Nikodemus steckt voller Zweifel, kann nicht zur Ruhe kommen? Ein Mann wie Nikodemus ist in seinem Innersten ganz anders, als er es nach außen zeigt? Ein Mann wie Nikodemus, der auf alles eine Antwort hat, gesteht ein, dass er ein Suchender ist, dass ihm etwas fehlt?

Nikodemus hat von Jesus gehört. Von Sorglosigkeit und Geborgenheit redet der. Er hat Menschen verändert, aus unguten Bindungen befreit, Körper und Seelen geheilt. Er strahlt Freude und Leichtigkeit aus.

Und Nikodemus? Alles Wissen, alle Vorbildlichkeit, alle Gesetzestreue haben ihn weder froh noch frei gemacht. Leute wie er reden von Liebe und Vertrauen wie Blinde von der Farbe. Bei Jesus spürt man hingegen, dass er mit einem lebendigen Gott unterwegs ist. Nikodemus hat noch nicht erfahren, dass das, was in seinen klugen Büchern steht, in sein Herz rutschen und Wirkung zeigen kann. Sein Gesicht ist ernst, sogar dann, wenn er Gott lobt. Doch die Sehnsucht nach Lebendigkeit, nach einem neuen Geist, hält Nikodemus nicht im Bett.

Es sind nicht die schlechtesten Momente, wenn uns eine heilsame Unruhe packt, wenn es uns mal nicht im Bett hält, weil wir spüren, dass uns etwas fehlt in dem, wie wir uns eingerichtet haben, dass wir uns frischen Wind, Gottes Geist wünschen, für unsere Beziehungen, für unsere Lebensgestaltung, für alles, was uns gefangen nimmt, für alle Unruhe.

Ich wünsche gute Gedanken.

Vater im Himmel,
ich kenne Nächte, in denen es mich nicht im Bett
hält.
Wie gerne würde ich schlafen,
ganz im Frieden.
Möchtest du mir etwas sagen,
wenn ich von nichts und niemandem abgelenkt
werde?
Wenn es wichtig ist,
dann weck mich auf, rüttel mich wach.
Amen.

12 Eine Leiter zwischen Himmel und Erde

*H*aben Sie in der vergangenen Nacht geträumt? Ein überraschender Besuch steht vor der Tür. Sie ziehen in ein neues Haus ein. Sie fahren auf der Autobahn und sehen, wie eine Brücke vor Ihnen einstürzt. Jemand schenkt Ihnen einen großen Strauß Blumen. Woher kommen die Träume – und was machen sie mit uns?

Jakob ist erschöpft. Das ist kein Wunder. Er ist auf der Flucht vor Esau. Mit einer Linsensuppe hat er, das Schlitzohr, seinen Bruder übers Ohr gehauen. Nicht genug damit. Auch seinen Vater hat er betrogen. Er hat sich den Segen des Erstgeborenen erschlichen, der seinem Bruder zustand.

Esau war außer sich vor Wut und Jakob hat verständlicherweise vor der Rache seines Bruders Angst bekommen. Was lag näher, als sich möglichst schnell aus dem Staub zu machen?

Mit schlechtem Gewissen ist er nun unterwegs, mit Schuld im Gepäck. Jemand, der andere betrogen hat, der sich nimmt, was ihm nicht zusteht, der hat schwer zu tragen.

Jakob ist erschöpft, er ist angeschlagen. Wir könnten vermuten, dass er von Albträumen in der Nacht verfolgt wird. Aber nein. Jakob träumt etwas Schönes! Er träumt, wie sich der Himmel öffnet. Eine lange Leiter erscheint, die vom Himmel bis zur Erde reicht. Die Engel steigen herunter bis zu Jakob, bis zu dem, was er falsch gemacht hat, wofür er sich schämt, und klettern auch wieder nach oben (1. Mose 28,10-22).

Ein wunderbares Bild: Jakob träumt von Vergebung. Das tut seiner aufgescheuchten Seele gut. Was nicht gut ist, kann wieder gut werden. Was nicht versöhnt ist, kann wieder versöhnt werden. Der Himmel ist offen! Die Engel nehmen alles mit nach oben, alles, woran Jakob schwer zu tragen hat. Mit der Leiter zwischen Himmel und Erde wird neues Leben möglich. Das Alte wird uns abgenommen, Neues wird geschenkt.

Wer kennt das nicht: Manches ist nicht so gelaufen, wie wir es uns gewünscht haben. Über manches haben wir nicht reden wollen und nicht reden können. Doch Gott kommt vom Himmel bis in unsere Welt. Das Alte, das, was uns belastet, das nehmen die Engel mit nach oben, dahin, wo Gnade ist. Das Neue, das, was uns froh und frei und getrost machen kann, das bringen Engel aus dem Himmel zu uns.

Eine Leiter reicht vom Himmel zur Erde, als Zeichen dafür, dass Gott seine Liebe und Güte zu uns schickt – und dass wir alles, was wir tragen, fragen und klagen, zu ihm bringen dürfen. Sie schenkt – in der Nacht – die Chance auf ein neues Leben.

Ich wünsche Ihnen ein reges Hin und Her auf der Leiter zwischen Himmel und Erde. Und danach gute Träume.

Guter Gott,
eine Leiter zwischen Himmel und Erde,
das ist ein wunderschönes Bild.
Ich möchte dir bringen,
woran ich schwer zu tragen habe
und was mich gefangen hält.
Ich möchte von dir mitbringen,
dass Neuanfänge möglich sind
und dass du unsere Füße auf weiten Raum stellst.
Danke für das Bild von der Leiter,
danke für Vergebung und neue Chancen.
Amen.

13 Lebens-müde

Müde sein. Es gibt eine Müdigkeit, die anders ist als die, wenn uns nach einem langen Tag im Garten die Knochen wehtun und wir auf dem Sofa entspannt einschlafen.

Elia ist ein starker Mann, den so leicht nichts erschüttern kann. Er ist Prophet. Die Menschen haben ihn gefeiert, als es nach langer Dürre endlich regnete, weil er dafür gebetet hat. Und nun? Er ist verzweifelt. Nichts geht mehr. Er ist müde, lebens-müde. Alles hatte er gegeben. Dann wurde er verfolgt und ist voller Angst geflohen.

Jetzt kann er sich selbst nicht mehr ausstehen. Er bricht zusammen, ist ausgebrannt. Elia geht in die Wüste und legt sich unter einen Wacholderbusch. Für ihn ist alles aus. »Es ist genug, Gott. Ich kann nicht mehr und ich will nicht mehr. Das Leben hat mich mürbe gemacht« (1. Könige 19,1-8).

Solche »Wacholderbusch-Stunden« gibt es häufiger, als wir ahnen. Menschen wächst alles über den Kopf, ihnen geht die Puste aus, die Lebenslust ist ihnen abhandengekommen. Sie wissen nicht mehr, wofür es sich lohnt, morgens aufzustehen und sich Mühe zu machen.

Elia hat wohl erwartet, dass Gott all sein Tun gelingen lässt, ihn immer erfolgreich sein lässt. Mit Widerständen hat er nicht gerechnet. Er erfährt nun, dass es nicht die lauten Töne und die Erfolge sind, in denen Gott sich finden lässt. Er begegnet Gott erst jetzt existenziell, als er nicht mehr kann. Vielleicht war er vorher zu sehr mit seinen eigenen Plänen und Aktionen beschäftigt – wer weiß?

Auf einmal sagt einer zu Elia unter dem Wacholderbusch: »Aufstehen! Hey, es geht weiter!« Ein Krug mit Wasser steht neben dem Propheten. Ein geröstetes Brot liegt da für ihn. Er hört eine Stimme: »Nimm! Iss und trink! Du hast noch einen langen Weg vor dir. Gott hat etwas mit dir vor!«

Gott schickt einen Engel zu Elia in die Wüste. Er schickt einen Engel, der Elia hilft, sich zu erholen, wieder auf die Beine zu kommen. Ich erinnere mich an Zeiten, in denen mir Menschen zu Engeln geworden sind. Sie haben mir Mut gemacht, haben meinen müden Geist zu neuem Leben erweckt, haben mir gesagt, dass ich gebraucht werde.

Ich wünsche Ihnen heute Abend, dass Sie mit dem lebendigen Gott rechnen, der Ihnen in vielfacher Gestalt begegnen kann.

Das möchte ich dir sagen, guter Gott:
Es gibt Zeiten, da ist mein Gesichtsfeld einge-
schränkt.
Ich sehe die Welt grau in grau.
Ich spüre nur mein Überfordertsein,
meinen Kummer, das, was mich nach unten zieht.
Ich bitte dich um Zeichen deiner Nähe,
die mich neu ins Leben locken.
Ich traue dir zu, dass die alten Geschichten auch
heute geschehen.
Amen.

14 Es wächst, während du schläfst

ie Kletterrose auf der Terrasse ist eine Augen-
weide. Zwischen Pflastersteinen steht sie auf kar-
gem Boden mit Bauschutt. Sie blüht üppig, ist gesund,
ihre Blüten duften betörend. Ohne Pflege, ohne liebevolle Zuwendung ist sie zur schönsten Rose auf unserem
Grundstück herangewachsen. Einfach so.

Ist das so ähnlich, wie Jesus es mit der Saat beschreibt,
die wie von selbst wächst (Markus 4,26-29)? Wenn wir
unsere Arbeit getan haben, dann können wir gelassen in
aller Ruhe abwarten, was daraus wird. Also einfach in
den Liegestuhl setzen und den Tag genießen, wozu uns
auch die Hochglanzfotos in den Gartenkatalogen einladen?

»Einspruch!«, sagen die Landwirte. »Ohne optimal
bemessene Düngergaben, ohne Beregnung, ohne Pflege, ohne ständige Weiterbildung, ohne Zusammenarbeit
mit Fachleuten kommen wir nicht aus. Hellwach und
flexibel musst du sein, sonst bist du schnell vom Markt.
Von nix kommt nix! Wer effizient wirtschaften will, der
muss die Bedingungen optimieren. Ihr mit eurer Ab-
warte-Haltung! Erwartet von Gott bitte nicht, wofür ihr
selbst zuständig seid!«

Jesus präsentiert mit seinen Gleichnissen keinen Ratgeber für die moderne Landwirtschaft, aber er stellt ein

Gesetz des Lebens vor, das auch heute noch gültig ist: Wachstum braucht Zeit. Kinder brauchen Zeit für ihre Entwicklung. Wer diese Entwicklung beschleunigen möchte – mit einem umfangreichen Angebot von Ballett, Karate, Bogenschießen, Geige und Klavier, kann leicht über das Ziel hinausschießen. Freundschaften brauchen Zeit zum Wachsen. In der Geschichte vom Kleinen Prinzen sagt der kluge Fuchs: »Du musst mich zähmen, jeden Tag ein wenig näherkommen.« Das geht nicht von heute auf morgen, einander Freund zu werden. Erfahrungen sammeln, das braucht Zeit. Es braucht Zeit, bis wir für gewisse Themen und Bücher offen und reif sind, bis sich Türen für bestimmte Lebensmöglichkeiten öffnen. Mit zwanzig Jahren hat der Mensch noch nicht die Reife eines 60-Jährigen.

Heute Abend möchte ich uns erinnern: Es hängt nicht alles von uns ab. Wenn du deine Arbeit getan hast, lass es gut sein. Jetzt ist ein anderer dran, der den Segen schenkt. Ob du einen Menschen erreichst mit dem, was du sagst, das hast du nicht in der Hand. Ob etwas wird aus dem, was du tust, das hast du nicht in der Hand. Mach dich nicht verrückt mit deinem Klein-Klein-Denken. Vertrau dem, der Wachstum und Gedeihen schenkt. In dir wächst heran, was du werden sollst, oft in der Nacht, und du weißt selbst nicht, wie es möglich war, gerade dann, wenn du dich nicht unter Druck setzt.

Diese Gelassenheit wünsche ich uns. Schlafen Sie gut.

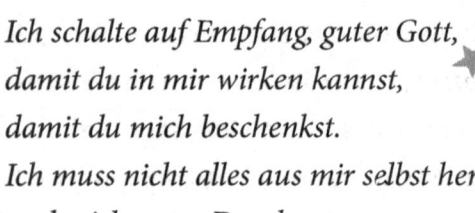

Ich schalte auf Empfang, guter Gott,
damit du in mir wirken kannst,
damit du mich beschenkst.
Ich muss nicht alles aus mir selbst herausholen
und mich unter Druck setzen.
Ich vertraue darauf, dass du deine feinen Fäden
spinnst,
mir zur rechten Zeit über den Weg schickst, was
mich weiterbringt,
mich auf etwas hinweist, was ich erkennen soll.
So stelle ich mir das Geheimnis der selbstwachsen-
den Saat vor.
Amen.

15 Sorgenfresser

*E*r hält seine kleine, frech dreinblickende Puppe fest im Arm, als wir uns zur Nacht verabschieden.

»Das ist ein Sorgenfresser«, klärt er mich auf. »Mama hat ihn genäht. Dem können wir alles sagen, wovor wir Angst haben, wenn uns einer geärgert hat und wenn wir was falsch gemacht haben.«

Es ist für die Enkelkinder zu einem Ritual geworden, vor dem Einschlafen noch einmal zu sagen, was das kleine Herz beschäftigt. Ein großer Junge war fies zu Jonas und hat ihn geschubst. Beim Fußball waren die anderen viel schneller als er. Der kleine Bruder nimmt ihm ständig seine Spielsachen weg. – Und Mama hat auch etwas, das ihr Sorgen bereitet: ihre Bauchschmerzen.

Der Sorgenfresser sperrt sein Maul weit auf. Da passt alles rein und die Kinder sind es los! Wenn's so einfach wäre, denke ich!

Kluge Leute kritisieren, dass den Kindern mit den »Sorgenfressern« etwas vorgemacht wird. Typisch »große Leute«. Die vertrauten Momente am Bett, in denen man alles loswerden kann, was überfordert, womit man allein nicht klar kommt, die sind wertvoll! Wer hat das schon?! Wenn es ausgesprochen ist, verliert es etwas von seiner Macht!

Warum gehören Sorgen überhaupt zu unseren ständigen Begleitern? Beim einen mehr, beim anderen weniger? Warum vermiesen sie uns als Quälgeister manche Stunde und rauben uns Energie und Freude für das Hier und Jetzt?

Bei aller Tüchtigkeit und Cleverness, bei aller Klugheit und allem Know-how haben wir unser Leben nicht in der Hand. Das wissen wir aus eigener Erfahrung – und von dem, was wir um uns herum erleben. Es kann sich etwas anders entwickeln, als wir es uns wünschen. So ist es und so wird es bleiben. Und das macht uns Angst, ist doch klar!

Wir können viel verlieren in dieser Welt: die Fitness und den Arbeitsplatz, den guten Ruf, die Sehkraft, einen lieben Menschen, die straffe Haut, die finanzielle Unabhängigkeit, die eigenen Zähne, das Leben. Niemand hat ein Abo auf Bewahrung.

Es können sich viele Fragen auftun: Werden wir klarkommen mit der Demenz der Mutter? Werden wir die »Tiefdruckgebiete« des Lebens meistern? Können wir trotz mancher Handicaps fröhlich weiterleben?

In der Bibel werden wir eingeladen, alle Sorge, alle Unsicherheit »auf Gott zu werfen« (1. Petrus 5,7). Martin Luther schreibt dazu: »Ach, wer dieses Werfen wohl lernen könnte, der würde erfahren, wie befreites Leben aussieht, wer aber nicht lernt solches Werfen, der muss bleiben ein verworfener, unterworfener und umgeworfener Mensch.«

Heute Abend können wir »unseren Sorgen gute Nacht sagen«, indem wir sie Gott übergeben. »Abend und Morgen sind seine Sorgen«, schreibt Paul Gerhardt. Die Kinder haben ihre Puppe, die Sorgen schluckt. Es ist ein Bild, mehr nicht. Ich wünsche Ihnen diese Erfahrung, dass Sie Ihre Sorgen bei der besten Adresse aufgehoben wissen, die es dafür gibt. Gute Nacht.

Guter Gott,
ich möchte dir sagen, dass ich Angst habe
vor Hass und Krieg.
Ich mache mir Sorgen um meine Lieben,
und wie die Welt wohl aussehen wird in fünfzig
Jahren.
Ich habe Angst vor Krankheit
und davor, dass das Leben bedroht ist.
Es tut gut, über die Angst zu sprechen,
mit dir und mit Menschen.
Du weißt, es gibt Worte, die wir uns selbst nicht sagen können.
Amen.

16 Bleibe bei uns, denn es will Abend werden

Sie ist 90 Jahre alt und hat viel mitgemacht: Krieg und Frieden, gute Zeiten und schlechte Zeiten, Gesundheit und Krankheit, Harmonie und Streit, Liebe und Abschied. Eines ihrer Lieblingslieder ist: »Das wünsch ich sehr, dass immer einer bei mir wär, der zu mir spricht: Fürchte dich nicht« (EG 608). In allen Zeiten war ihr dies das Wichtigste: Sie wollte nicht allein unterwegs sein. So pflegt sie auch heute noch ein ansehnliches Netzwerk aus Familie und Nachbarschaft, mit treuen Weggefährten und Freunden.

Menschen tun gut. Wir wünschen uns, dass wir jemanden haben, dem wir wichtig sind, der an uns glaubt, der uns hinter dem Ofen hervorlockt, hinter dem wir uns mit trüber Stimmung verkrochen haben. Wir wünschen uns jemanden, der Worte für uns hat, die wir uns allein nicht sagen können. Wir brauchen einander zum Trösten, Inspirieren, Beflügeln, Beraten, Lachen, Tanzen, Lastentragen, Im-Leid-nicht-verrückt-Werden, Canastaspielen, Singen, Erzählen und Beglücken.

Es lebt sich anders, wenn wenigstens einer da ist, der die Wege mit uns geht, die wir zu gehen haben. Vielleicht erinnern Sie sich, wo Sie solch wohltuende Gemeinschaft erlebt haben – oder auch, wo Sie auf manchen Strecken Menschen an Ihrer Seite vermisst haben.

Zwei Männer sind unterwegs, sie sind enttäuscht, haben verloren, worauf sie ihre Hoffnung gesetzt haben. Sie lassen ihre Köpfe hängen und wissen nicht, wie es weitergehen soll. Die beiden kommen aus Jerusalem und sind auf dem Weg nach Emmaus. Sie haben erlebt, wie Jesus von Nazareth der Welt ein anderes Gesicht gegeben hat – wie er sie selbst völlig verändert hat.

Was ist alles aufgebrochen in seiner Nähe! Wo er Menschen begegnete, konnten sie den ganzen Ballast, den sie mit sich herumschleppten, ablegen, frei sein, heil werden. Er lockte auf neue Wege, zur Versöhnung. Und nun ist alles aus und vorbei! Wir alle kennen solche Passagen, die mühsam sind, die müde machen, auf denen wir fragen, wofür es sich zu leben lohnt, wo wir die Kraft hernehmen sollen für das, was zu schultern ist.

Während die beiden Männer zu Fuß unterwegs sind, kommt ein Dritter dazu, ein Fremder. Er fragt, worüber sie sprechen, was denn passiert sei. Sie merken: Der Mann tut uns gut, bei ihm sind wir gut aufgehoben. Bei ihm wird uns warm ums Herz. Knoten lösen sich, wir sehen manches in einem anderen Licht, Hoffnung flackert auf. Der hat was!

Kein Wunder, dass sie ihn am Abend bitten: »Bleibe bei uns; denn es will Abend werden und der Tag hat sich geneigt!« Und plötzlich erkennen sie ihn als Jesus – er ist ihnen ganz nah! »Leute, der, von dem wir dachten, er sei tot, der lebt!« (Lukas 24,13-35).

Ich wünsche Ihnen, dass Sie den lebendigen Gott auf den Wegen Ihres Lebens erfahren. Er zeigt sich auf vielerlei Weise, durch Menschen, Gedanken, Regenbögen, Musik von Mozart, Bücher, Filme, Hortensien ... Auch jetzt, auch heute Nacht, ist er ganz nah, ist er mit Ihnen unterwegs.

Bleibe bei uns,
wenn es dunkel ist,
wenn wir allein sind,
wenn wir nicht wissen, wie es weitergehen soll,
wenn wir feststecken in Zwängen,
in dem, was uns mürbe macht.
Amen.

17 Die Nacht der Verlassenheit

*J*esus ist allein. Im Garten Gethsemane, am Fuße des Ölbergs, in Jerusalem. Er weiß, dass seine Tage gezählt sind. Bald werden sie kommen und ihn gefangen nehmen. Seine Freunde schlafen – ausgerechnet jetzt, in der schlimmsten Stunde seines Lebens.

In seiner Angst betet Jesus: »Vater, wenn es möglich ist, dann bewahre mich vor dem Leid, das mir bevorsteht. Lass den Kelch an mir vorübergehen.« Dreimal betet er so und schreit um Hilfe. Gethsemane-Stunden. Und in allem Zittern, in allem, was sich in ihm aufbäumt, fügt er hinzu: »Aber nicht mein, sondern dein Wille geschehe!« (Matthäus 26,36-46).

Dein Wille geschehe – Martin Luther hat gesagt, dass er sich vor dieser Bitte fürchte. Ja, diese Bitte tut weh. Sie widerspricht unserer Natur. Sollen wir gegen uns selbst beten? Wer kann das schon? Wer mag das schon? Es ist naheliegend und sehr menschlich, wenn wir bitten, dass unsere Arbeit gelingt, dass unsere Mühe sich lohnt, dass unsere Lieben bewahrt bleiben, dass die Welt nicht aus dem Ruder läuft. Wir haben Wünsche und Ziele, an denen uns viel liegt. Natürlich!

Und es ist schön, wenn unsere Bitten erhört werden! – Leider kennen wir es auch anders. Es entwickelt sich nichts zum Guten. Mal geschehen Wunder und mal geschehen sie nicht. Menschen reiben sich wund an einem verborgenen, rätselhaften Gott. Sie müssen loslassen, den sie lieben. Es wird nichts geklärt und geheilt. Gethsemane-Stunden.

»Vater, lass nicht scheitern, woran mein Herz hängt. Nimm mir nicht, was mir unendlich lieb ist.« – Und es fällt schwer, den Bitten hinzuzufügen: »Aber nicht mein, sondern dein Wille geschehe!« Fast über-menschlich ist diese Bitte. Wer möchte derart ausgeliefert sein?

Im ländlichen Raum sind Menschen vertraut mit dem großen Rhythmus des Lebens zwischen Blühen und Verwelken, Säen und Ernten, Schaffen und Ruhen, Geboren-Werden und Sterben. Sie wissen: Wenn du dich gegen den Rhythmus des Lebens aufbäumst, vergeudest du deine besten Kräfte. Du kommst aus deiner Angst und Unruhe nicht heraus. Einwilligen in Gottes Willen, das entspannt, das führt zur Gelassenheit, das ist der Weg ins Vertrauen, in das Vertrauen zum Anfänger, Liebhaber und Vollender allen Lebens.

»Der Wolken, Luft und Winden gibt Wege, Lauf und Bahn, der wird auch Wege finden, da dein Fuß gehen kann«, schreibt Paul Gerhardt.

Vater im Himmel,
du weißt, woran mein Herz hängt.
Du weißt, wie schwer es mir fällt, meine Lieben
und mich selbst deinem Willen zu überlassen.
Du kennst meine Angst.
Ich wage es einmal mit:
Deine Liebe geschehe, wie im Himmel, so auf Erden.
Amen.

18 Der dich behütet, schläft und schlummert nicht

Wunderschöne Fachwerkhäuser geben dem Marktplatz in Rinteln an der Weser ein besonderes Flair. Vor dem Bürgerhaus steht ein Nachtwächter-Denkmal, das erste Nachtwächter-Denkmal Deutschlands. In Bronze steht er da, der Hüter in Rintelns mittelalterlichen Nächten, mit Hellebarde, Signalhorn und Laterne.

Nachtwächter sorgten für Ruhe und Ordnung in der Stadt. Sie warnten vor Feuer, Gewitter, Halunken und allem, was gefährlich werden konnte. Sie prüften, ob alle ihre Türen zugeschlossen und Kerzen gelöscht hatten – und sie leuchteten den Herren aus den Gastwirtschaften heim. Das war ein wertvoller Dienst in jener Zeit, als es weder Feuerwehr noch die Nummer 110, weder Rauchmelder noch Polizei noch Telefonseelsorge gab.

Die Nachtwächter sagten auch die Stunden an, damit der Türmer wusste, ob alles in Ordnung ist. »Hört, ihr Herrn, und lasst euch sagen, unsre Uhr hat zwölf geschlagen ...« Während die Nachtwächter unterwegs waren, konnten die Bewohner der Stadt ruhig schlafen.

Es ist gut zu wissen, dass einer aufpasst, dass einer sich kümmert. Der Dienst der Nachtwächter erinnert mich an einen Vers aus Psalm 121. »Der dich behütet, schläft und schlummert nicht.« Gott wird uns hier vorgestellt als einer, dem nichts entgeht, ohne dessen Wissen nichts geschieht, der seine Fäden webt und fügt. Wie entlastend, wir dürfen müde sein!

Für ein paar Stunden dürfen wir die »Ich muss erst noch die Welt retten«-Haltung, die Tim Bendzko besingt, ablegen und das, was uns die Ruhe raubt. Egal, ob ein Sturm aufzieht, der Marder auf dem Dachboden Krawall macht oder schlechte Nachrichten uns den Schlaf rauben: Jetzt ist erst einmal eine Pause angesagt. Und besser als alle anderen Aufpasser behütet uns der, der niemals schläft und schlummert.

Während wir schlafen, wacht Gott, mit einer Liebe, die größer ist als unsere, mit einer Sorgfalt, der nichts durchrutscht, mit seinem Geist, der Menschen Frieden schenkt und tröstet.

Im Lied der Nachtwächter heißt es: »Menschenwachen kann nichts nützen, Gott muss wachen, Gott muss schützen.«

Vater im Himmel,
nun lasse ich los die Menschen,
denen ich in besonderer Weise nahe bin,
meine Projekte und Pläne,
alles Unerledigte und Versäumte,
alles, was ich halten möchte und nicht halten kann,
was mich nicht zur Ruhe kommen lässt.
Du bist wach,
für deine Welt und ihre Menschen.
Amen.

19 Meine Kraft ist in den Schwachen mächtig

*D*ieser Satz ist ein Kontrastprogramm zu dem, was wir kennen. In unserer Welt werden die Starken gefeiert, die Einflussreichen, Taffen, Begabten und Hübschen, die, die etwas hermachen, die gut ankommen, die es zu etwas gebracht haben. Wer will schon schwach sein? Und gleichzeitig ist Schwäche eine Erfahrung, die jeder von uns machen wird, mehr oder weniger, früher oder später. Unsere Kraft ist begrenzt, unsere Ressourcen sind nicht unerschöpflich.

Ich denke an den vitalen jungen Mann mit seinen hohen Idealen. Mit großen Worten sprach er von seinem Glauben und trat auf, als könne ihn nichts umwerfen. Ständig war er mit wichtigen Projekten beschäftigt und stand enorm unter Druck. Er brannte vorne und hinten. Bis er ausgebrannt war. Das hat ihm für lange Zeit Ruhe verordnet. Er hat viel nachgedacht, und die Erfahrung von Schwäche hat ihn verändert. Bescheidener und leiser ist er geworden und hat gerade dadurch viel zu sagen.

Ich denke an die Familie, die in einer heilen Welt lebte. Vieles war gut gelungen. Es lief gut. Und dann wurde ein Enkelkind mit dem Down-Syndrom geboren. Dieses Kind hat die Familie verändert, hat alle milder und sensibler gemacht, hat neu sortieren lassen, was im Leben wichtig und unwichtig ist.

Der Apostel Paulus war ein Wegbereiter der Kirche. Im Mittelmeerraum hat er viele Gemeinden gegründet. Er hat bedeutende Briefe geschrieben. Gleichzeitig war er ein kranker Mann. Wir wissen nicht genau, was er hatte. Einige sprechen von epileptischen Anfällen, andere von Depressionen. Auf jeden Fall hat ihm seine Krankheit sehr zugesetzt. Die Leute haben ihm vorgeworfen, dass er keine Ausstrahlung habe, dass er nicht reden könne und nicht überzeugend sei.

Was hätte Paulus alles bewirken können, wenn sein Körper nicht so oft gestreikt und ihn ausgebremst hätte?! Wie oft hat er gebetet und gefleht! Er wollte frei sein von seinem Leid. Und die Antwort, die er bekommen hat, hieß: »Lass dir an meiner Gnade genügen, meine Kraft ist den Schwachen mächtig!« (2. Korinther 12,9).

Ein Wunder bleibt aus. Aber es kommt die Zusage, dass uns Kräfte zuwachsen, wo unsere Kräfte nicht ausreichen, dass ein Leben mit Handicap ein gesegnetes Leben sein kann. Gott wirkt gerne im Verborgenen, in den leisen Tönen, bei den Kleinen, die normalerweise übersehen werden.

Paulus hatte mit sich selbst zu kämpfen und mit anderen – genau wie ich. Auch ihm fehlte etwas: an Mut, an Kraft, an Geduld und Liebe, an Ausstrahlung ... Das lässt mich sagen: »Ach, du auch? Du kommst auch nicht raus aus deiner Haut? Du hast auch Geschichten, die dir einen Stich geben? Du kennst auch die Angst, einer Situation nicht gewachsen zu sein?«

Wir möchten unsere Schwächen loswerden und verbergen, und doch sind es gerade diese Schwächen, die uns menschlich machen. Wann immer wir mit leeren Händen dastehen und bitten, Gott möge sie füllen, fließt Segen. Es ist tröstlich, dass Gott eine Schwäche hat für unsere Schwäche.

Schlafen Sie gut!

Guter Gott,
wir beide kennen die Stunden,
wenn ich dasitze wie ein Häufchen Elend.
Wir beide kennen die Stunden,
wenn ich feststecke in der Grübelfalle.
Du weißt,
wie ich dann leide, wie ich mich dagegen wehre.
Und du hast wirklich eine Schwäche für meine
Schwäche?
Danke.
Amen.

20 Seht ihr den Mond dort stehen?

*E*in wunderschöner Abend! Ich schaue in den Himmel und staune. Ich schicke meine Gedanken auf Reisen und ahne etwas von der Weite des Universums. Die Sterne funkeln. Wie viele mögen es sein?

Ich entdecke den großen Wagen und den kleinen Wagen. Wer sich besser auskennt, sieht Jungfrau, Andromeda, Skorpion, Waage, Pegasus, Drache, Kassiopeia und mehr.

Hinter dem, was wir erkennen, mit bloßem Auge oder mit gigantischen Teleskopen, geht es noch viel weiter, immer weiter. Über 100 Millionen Galaxien soll es geben. Ich kann das nicht denken, aber es ist ein Grund, das Leben zu feiern. Heute Abend. Machen Sie mit? Viva la vida. Es lebe das Leben – und wir mittendrin.

Wie von selbst kommt mir das Abendlied von Matthias Claudius in den Sinn, das mir immer lieber wird, je öfter ich es singe: »Der Mond ist aufgegangen, die goldnen Sternlein prangen am Himmel hell und klar« (EG 482). Einen Vers liebe ich besonders: »Seht ihr den Mond dort stehen? Er ist nur halb zu sehen und ist doch rund und schön. So sind wohl manche Sachen, die wir getrost belachen, weil unsre Augen sie nicht sehn.«

»Weil unsre Augen sie nicht sehn.« – Was weiß ich von einem Menschen? Ich sehe immer nur einen kleinen

Ausschnitt. Ich kenne die Geschichten, die er gerne erzählt, aber es gibt auch andere, die er für sich behält. Was weiß ich von den kleinen und großen Tragödien, die jemand erlebt hat – von dem Glanz und der Sehnsucht in ihm? Vielleicht sollte ich mich erst einmal vor dem Geheimnis des anderen verbeugen.

Ich denke auch an meine halben Sachen, wenn ich nicht geschafft habe, was ich schaffen wollte, wenn ich nicht so war, wie ich sein wollte. Halbe Sachen mag ich nicht. Wie tröstlich ist die Botschaft vom halben Mond für alle, die am liebsten perfekt wären. Unser Leben ist rund und schön, auch, wenn wir das an manchen Tagen nicht erkennen können.

Wie oft verstehen wir Gott und die Welt nicht! Tausend Fragen bleiben ohne Antwort. Wer weiß, ob gerade die Wege, die wir am liebsten niemals gehen möchten, uns in besonderer Weise weiterbringen? Wer weiß, ob Probleme voller Chancen stecken, ob das, was wir für ein großes Unglück halten, am Ende Gutes für uns bereithält? Gott ist größer als unser Denken, unsere Weltbilder und Religionen.

Bis alle Geheimnisse gelüftet und Fragen beantwortet werden, möchte ich mir noch oft den Mond anschauen – und singen: »Er ist nur halb zu sehen und ist doch rund und schön.« Hinterm Horizont geht es weiter, das kann ich an diesem Abend denken. Mit Sicherheit hinter meinem persönlichen Horizont. Ich möchte feiern, dass es

mehr gibt, als ich sehen und verstehen kann, dass es Gott
gibt, mittendrin! Schalom.

Guter Gott,
was ich wahrnehme und weiß,
ist immer nur ein kleiner Ausschnitt vom Ganzen.
Die Vita mancher Menschen ist mir vertraut,
aber kenne ich sie wirklich?
Wenn ich drei Weggefährten bitten würde,
mich zu beschreiben,
wäre das identisch?
Was wissen wir von dir und vom Leben?
Womit wirst du uns überraschen, wenn wir einmal
das Ganze sehen?
Gute Nacht.

21 Liebevolle Aufmerksamkeit

Sie kamen zurück aus dem Urlaub. Die eine sagte: »Na ja, das Ferienhaus ist mittlerweile in die Jahre gekommen. Es fehlt der Charme, der uns am Anfang bezaubert hat.« Der andere sagte: »Es braucht nur etwas liebevolle Aufmerksamkeit, dann könnte der alte Glanz wieder aufstrahlen.«

»Liebevolle Aufmerksamkeit.« Ich habe viel darüber nachgedacht, was das bedeuten kann, unabhängig vom Ferienhaus. War mein Tag heute geprägt von liebevoller Aufmerksamkeit? Wie bin ich Menschen begegnet? Habe ich aufmerksam zugehört? Habe ich mich eingelassen auf das, was andere gesagt haben, mit und ohne Worte? Hat ihnen meine Gegenwart gutgetan? Wie habe ich gearbeitet? Habe ich nur funktioniert und zielstrebig meine To-do-Liste abgearbeitet, zack, zack? Oder habe ich es mir gegönnt, einen Blumenstrauß auf den Schreibtisch zu stellen, das Mittagessen auf den Tellern hübsch anzurichten und schöne Musik zu hören, während ich das Haus, »mein Schloss« in Schuss halte?

Wie bin ich mit mir selbst umgegangen? Habe ich mich angetrieben und mich dann auch als »Getriebene« gefühlt? Habe ich Ja gesagt, obwohl ich Nein sagen wollte? War ich echt? Habe ich meiner Seele ein paar Seiten aus einem guten Buch gegönnt?

Für unser Leben ist nicht so entscheidend, was wir tun, sondern ob Liebe drin ist in dem, was wir tun. Unserer modernen Berufswelt mag dieser Gedanke fremd sein, einige mögen protestieren: »Wie soll das gehen? Romantischer Quatsch ist das!«

Zu meinem Geburtstag habe ich einen Zuschuss für eine Reise nach Santorin bekommen, zu meinem lange gehegten Traumziel. Dass sich jemand diesen Wunsch gemerkt hatte, das tat schon gut. Aber wie das Geschenk verpackt war, das hätten Sie sehen müssen! Eine Freundin hatte ein Fladenbrot als Insel dekoriert. Die weißen Mauern der Häuser bestanden aus Schafskäse, die Kuppeln aus Eierschalen, mit Lebensmittelfarbe griechisch-blau gefärbt. Auf den Dächern ein Kreuz – gefunden im Baumarkt, in der Fachabteilung für Fliesen ... Wer ein solches Geschenk bekommt, der spürt Wertschätzung. Da war viel Liebe drin!

Wie haben Sie diesen Tag erlebt? – Wie viel Liebe haben Sie gespürt oder vermisst?

Vater im Himmel,
deine Liebe ist der Urstoff allen Lebens.
Alles ist daraus entstanden.
Alles läuft darauf hinaus.
Am Ende des Tages frage ich mich:
Ist Liebe in meinen Worten,
im Schenken und Gestalten?

Sieht man es meinem Haus an,
dass hier jemand wohnt, der gerne lebt?
Ist Liebe in den Beziehungen zu den Menschen?
Alles andere kommt danach.
Die Liebe ist das Entscheidende, sie gibt dem Leben
Glanz.
Amen.

22 Das Leben ist ein Wandern

Leben heißt, unterwegs sein. Wir Menschen sind auf der Durchreise. Das ist ein spannender Gedanke. Wie gerne möchten wir uns einrichten, etwas Bleibendes schaffen, aber wir müssen weiter, immer weiter.

Gerhard Tersteegen lässt uns in seinem bekannten Abendlied singen:

Ein Tag, der sagt dem andern,
mein Leben sei ein Wandern
zur großen Ewigkeit.
O Ewigkeit, so schöne, mein Herz an dich gewöhne,
mein Heim ist nicht von dieser Zeit.
EG 481,5

Einem Nomaden ist das Unterwegssein vertraut. Sein »Zuhause« sind Zelte, die auf- und abgebaut werden. »Heute hier, morgen dort.« Unser Lebensgefühl ist ein anderes. Wir hängen an dem, was uns Sicherheit verspricht. Als Bürger schaffen wir uns unsere Burgen. Die Erfahrung lehrt: In dem Moment, in dem du ein eigenes Haus besitzt, wirst du unruhiger bei jeder Unwetterwarnung. Wer in dieser Welt Dauerhaftes sucht, wird von der Angst begleitet, er könne verlieren, was ihm viel bedeutet. Wir möchten festhalten und müssen loslassen. Doch wer Angst vor Veränderungen hat, nimmt sich viel Leichtigkeit. Wer das Beständige sucht in dem, was doch nur vorläufig ist, der wird manches Mal enttäuscht werden.

Alles hat seine Zeit. Der Jugend folgt irgendwann das Alter. Straffe Haut wird welk. Es kommt der Tag, an dem wir beim Friseur entscheiden müssen: färben oder zum Grau stehen? Wer seine Kreise ständig vergrößert hat, spürt, dass er Grenzen setzen muss, Entschleunigung braucht. Vitale Männer und Frauen, die kaum zu bremsen sind, begegnen der Vergänglichkeit des Lebens. An Körperstellen, die wir früher gar nicht bemerkt haben, zwickt und zwackt es. Die Kinder, die eine Zeitlang unser Lebensmittelpunkt waren, verlassen das Haus.

Martin Luther hat gesagt: »Wir sind auf der Welt eilige Gäste. Wir sind bloß wie in einem Wirtshaus, wo man ein Glas Bier trinkt und dann weiterwandert, heimwärts.« Der Satz ist nüchtern, aber wahr.

Die Zeit ist kostbar. Selbst 90 Jahre gehen schnell vorbei. Hoffentlich sind wir gerne und fröhlich hier. Wir putzen unsere Gärten heraus, machen etwas aus unseren Talenten, lieben Kinder und Enkel in die Welt hinein, haben Lust am Gestalten und am Einmischen, an Begegnungen mit Menschen, am Tanzen und Feiern. Mit Begeisterung sind wir dabei – aber auch in dem Wissen, dass wir immer auf der Durchreise sind.

Gott, Ziel aller Wege,
alles hat seine Zeit:
Jahre in dieser Welt und ewige Bleibe bei dir.
Das sagt sich leicht,
aber in uns rebelliert etwas dagegen.
Wir sind gerne hier – so hast du es gewollt,
hast es schön gemacht in dieser Welt.
Egal, was sein wird: Du wirst sein, und wir in deiner Nähe.
Gewöhne uns an den Gedanken,
dass alles Glück hier ein Vorbote der ewigen Freude ist.
Ab und zu feiern wir vor, was uns bei dir erwartet.
Amen.

23 Binde deinen Karren an einen Stern

*H*aben Sie auch einen schweren Karren zu ziehen? Voll gepackt bis oben hin? Manches haben Sie sich selbst aufgeladen. Sie hatten Freude daran, immer größere Kreise zu ziehen, immer mehr Aufgaben zu übernehmen. Sie hatten Freude daran, viel am Laufen zu halten, viel anzuzetteln, auf »vielen Hochzeiten zu tanzen«. Ihre feste Überzeugung ist: Wenn alle ständig nur Nein sagen und stöhnen, dass sie überfordert sind, dann wäre es schlecht bestellt um unsere Gesellschaft, um unsere Familien. Also los, packen wir's an.

Und dann? Der Karren ist voller geworden im Laufe der Zeit und der Wunsch in Ihnen wird größer: Ich möchte vereinfachen, Ballast abwerfen, entschleunigen, neu sortieren. Ich möchte ein Maß finden, das für mich stimmig ist.

Manches wurde Ihnen auch aufgepackt. Sie wurden nicht gefragt, Sie konnten nichts daran ändern. Jeder kann seine Geschichten erzählen von den Karren, die schwer zu ziehen sind. Unsere Mütter und Väter oder Großeltern aus den Kriegsjahren, unsere Töchter vom Spagat zwischen Beruf und Familie, eine Frau davon, wie sie fünfzehn Jahre lang ihre Eltern und Schwiegereltern gepflegt hat. Fünfzehn Jahre lang!

Leonardo da Vinci, das Universalgenie aus dem Mittelalter, hat gesagt: »Binde deinen Karren an einen Stern.« Du hast leicht reden, Leonardo. Wenn das so einfach wäre. Ja, ich habe Sehnsucht nach einem, der beim Ziehen hilft, nach dem lebendigen Gott. Aber ich weiß auch, was Erdenschwere bedeutet, was uns alles gefangen nehmen, klein halten und nach unten ziehen kann.

Ja, ich möchte wissen, dass mein Leben unter einem guten Stern steht, dass der Glanz Gottes in meinen Alltag scheint, in den Alltag, der ist, wie er ist. Ich möchte wissen, dass sich mein Mühen, mein Lieben, meine Hoffnung lohnen, dass ich Zukunft habe, sogar dann, wenn es auf das Ende zugeht. Und ich möchte spüren, dass ich nicht allein kämpfen muss, dass mir gute Einfälle zufließen, dass ich durchgehievt werde in Zeiten, die mich überfordern.

Guter Gott,

ich komme mit dem Karren, den ich zu ziehen habe,

da hat sich einiges angesammelt.

Zu dir bringe ich,

was mich fordert und überfordert,

was mir die Freude am Leben nimmt,

was mich unfrei macht,

was ich anderen schuldig geblieben bin.

Zu dir bringe ich

die Menschen, für die ich mich zuständig weiß,

für die meine Zeit, meine Kraft und meine Liebe

nicht reichen.

Ich bitte dich um deinen Segen für die Nacht

und für alle Tage, die du mir schenkst.

Amen.

24 Etwas nachklingen lassen

*C*hopins Reise nach Mallorca.« Der Pianist Justus Frantz begeisterte in Barsinghausen mit leisen Tönen und virtuosem Spiel am Flügel. Zwei Stunden lang begleitete er Frédéric Chopin mit Wort und Musik auf einigen Etappen seines Lebens.

In Paris spielte Chopin in Salons und lernte die Schriftstellerin George Sand kennen. Mit ihr fuhr er nach Mallorca, erhoffte in der Wärme des Südens Linderung für sein Lungenleiden. Er erlebte eine Zeit größter Leichtigkeit und Kreativität, inspiriert von der Landschaft und der Frau an seiner Seite. Als dann aber in Valdemossa der Winter einzog, kehrte Chopins Melancholie zurück.

Justus Frantz verstand es, sein Publikum mit auf die Reise zu nehmen, mit Wort und Musik zu verzaubern.

Ein wunderschöner Abend. Wieder zu Hause, habe ich noch ein Glas Wein getrunken und das Gehörte und Gespürte nachklingen lassen. Wertvolle Erlebnisse brauchen Zeit, damit sie das Herz berühren können, damit sie uns erreichen, damit sie in uns etwas zum Klingen bringen. Das ist intensives Leben, das Auskosten des Augenblicks.

Oft sind wir allerdings viel zu eng »getaktet«, eins folgt dem anderen, ohne Gelegenheit zum Reflektieren und Sacken-Lassen. Husch, husch geht es von einem Termin zum anderen. An manchen Tagen wissen wir abends gar nicht mehr, was wir alles gehört, getan, erkannt, gesehen und gefühlt haben. Kommt es Ihnen bekannt vor, dass etwas an Ihnen vorbeirauscht, dass Sie einfach nur funktionieren müssen und gar nicht zur Besinnung kommen?

In der Weihnachtsgeschichte aus dem Lukasevangelium wird erzählt, wie Maria die Geburt im Stall und den Besuch der Hirten erlebt hat, die »Heilige Nacht«. »Maria aber behielt alle diese Worte und bewegte sie in ihrem Herzen« (Lukas 2,19). Sie hat nachklingen lassen, was sie erlebt hat.

Etwas im Herzen bewahren und bewegen, einen inneren Schatz hüten, das können wir von Maria lernen. Das Leben ist kostbar. Ich bewundere Menschen, die auch nach vielen Jahren lebhaft von ihren Erlebnissen und Eindrücken erzählen können, von dem, was sie wahrgenommen und gefühlt haben, was in ihren Herzen angekommen ist. Sie erinnern sich, was Worte oder Menschen in ihnen ausgelöst haben.

Jetzt, am Abend, ist eine günstige Zeit, um den vergangenen Tag nachklingen zu lassen. Was habe ich mit dem Tag gemacht? Was hat der Tag mit mir gemacht? Habe ich aufmerksam zugehört, als mir eine Frau von ihren Erfahrungen mit der Familienaufstellung erzählt hat, von den Gewichtsproblemen ihrer Tochter, ausgelöst durch dunkle Geschichten? Habe ich mir Zeit genommen, den Garten, den ich heute mit großem Einsatz »aufgehübscht« habe, für einen Moment zu genießen? Habe ich mich gefreut an den Hortensien, an der üppig blühenden Sylter Dünenrose und dem Rosmarin? Jetzt, am Abend, möchte ich nachklingen lassen, was den Tag reich gemacht hat und was ich genossen habe.

Einen guten Abend wünsche ich Ihnen.

Guter Gott,
gib mir die Gabe,
intensiv zu leben,
zu staunen, zu fühlen, ganz da zu sein, wo ich bin.
Gib mir die Gabe,
etwas nachklingen zu lassen,
die Begegnung mit einem Menschen,
die Freude an einer gelungenen Arbeit, einem Film.
Gib mir die Gabe,
dich wahrzunehmen mittendrin in meinen Tagen
und Nächten.
Amen.

25 Bodyguard

Frank Farmer ist Sicherheitsexperte, Bodyguard. Sein aktueller Auftrag führt ihn zu der weltberühmten Popsängerin Rachel Marron. Sie bekommt Drohbriefe. Rachel will jedoch nicht wahrhaben, dass sie in Gefahr ist. Ihrer Meinung nach sind Sicherheitsmaßnahmen im Showgeschäft überflüssig. Dafür ist weder Platz noch Zeit. Als es mit der Bedrohung ernst wird, willigt sie schließlich ein und akzeptiert ihren »Behüter«. Frank und sie kommen sich näher. Sie verlieben sich ineinander. »I will always love you« ist das bekannteste Lied aus dem Film. Das oberste Gebot der Bodyguards heißt jedoch eigentlich: keine Nähe zu den Kunden, keine Emotionen.

Die Lage eskaliert. Konzerte müssen abgesagt werden. Rachel versteckt sich mit Sohn, Schwester und Frank in einer einsamen Hütte. Keiner weiß von dem Versteck. Oder doch? Sohn Fletcher wird bei einem Anschlag fast getötet. Es stellt sich heraus, dass es kein irrer Fan ist, der Rachel bedroht, sondern ein Berufskiller. Der ist von Rachels Schwester Nicki engagiert worden. Nicki ist krankhaft eifersüchtig auf ihre erfolgreiche Schwester.

Bei der Oscar-Verleihung erkennt Frank im letzten Moment, dass einer seiner früheren Kollegen der Attentäter ist. Er fängt die Kugel mit seinem Körper ab.

Die Wege von Rachel und Frank trennen sich schließlich. Frank wird beauftragt, zukünftig einen Abgeordneten zu begleiten. Die letzte Szene zeigt eine Konferenz. Ein Kreuz liegt auf dem Tisch und Psalm 23 wird gesprochen:

Der Herr ist mein Hirte,
mir wird nichts mangeln.
Er weidet mich auf einer grünen Aue
und führet mich zum frischen Wasser.
Er erquicket meine Seele.
Er führet mich auf rechter Straße um seines Namens willen.
Und ob ich schon wanderte im finstern Tal,
fürchte ich kein Unglück;
denn du bist bei mir ...

Jugendliche haben diesen Psalm so übersetzt:

Der Herr ist mein Bodyguard.
Gott ist immer an meiner Seite,
auf allen Wegen, die ich zu gehen habe.
Er gibt acht auf mich.
Er gibt sein Leben für mich.

Keiner weiß, wie Gott ist. Unsere Vorstellungen reichen nicht aus. Er ist so, und so, und immer noch ganz anders.

Ganz fern und dann so nah, wie es näher nicht geht. Er hört Gebete und hört sie nicht. Ganz groß und mächtig ist er – und macht sich klein, für uns erfahrbar. Wir können ihn spüren und ahnen – und dann verbirgt er sich. Sein Glanz strahlt in die Welt – und gleichzeitig gibt er den Menschen viele Rätsel auf. Streng ist er und voller Güte.

Der Film Bodyguard mit Kevin Costner und Whitney Houston berührt. Bilder vom Gut-Aufgehoben-Sein tun gut. Gerade am Abend. Gottes Nähe schafft Geborgenheit, nimmt Angst und lässt ruhiger schlafen. Und morgen lässt sie uns freier und mutiger durch den Tag gehen. Gute Nacht.

Gott,
du bist da,
im Jobcenter, in Operationsräumen,
auf der vierspurigen Autobahn,
an Bord des Flugzeugs,
auf dunklen Straßen, bei der Telefonseelsorge,
im Hospiz,
bei Müttern, die um ihre gefallenen Söhne trauern.
Du bist da.
Amen.

26 Du kannst es nicht allen recht machen

*E*in Ehepaar beschließt, mit dem 10-jährigen Sohn zu verreisen, etwas von der Welt kennenzulernen. Zusammen mit ihrem Esel zieht die kleine Familie los.

Im ersten Dorf angekommen, hören sie, wie die Leute über sie reden: »Nun guckt euch den verzogenen Jungen an. Er sitzt auf dem Esel und die Eltern müssen laufen. Unmöglich!«

Die Frau sagt zu ihrem Mann: »Wir werden nicht zulassen, dass die Leute schlecht über unseren Jungen reden.« Der Mann holt darauf den Jungen vom Esel und setzt sich selbst darauf.

Im zweiten Dorf angekommen, hören sie, wie die Leute Folgendes sagen: »Seht euch diesen unverschämten Mann an. Er lässt Frau und Kind laufen, während er sich wie ein Pascha vom Esel tragen lässt.« Also darf die Mutter auf das Lasttier steigen.

Im dritten Dorf angekommen, hören sie die Leute sagen: »Armer Kerl! Obwohl er den ganzen Tag hart gearbeitet hat, lässt er seine Frau auf dem Esel reiten. Und das Kind hat mit so einer Rabenmutter sicher auch nichts zu lachen.« Also setzen sie ihre Reise zu dritt auf dem Esel fort.

Im nächsten Dorf hören sie die Leute sagen: »Nun

schaut euch das an! Sie werden dem armen Esel den Rücken brechen!« – Also beschließen Vater, Mutter und Sohn, neben dem Esel herzugehen.

Im letzten Dorf können sie nicht fassen, was sie die Leute reden hören: »Schaut euch die drei Idioten an. Sie laufen, obwohl sie einen Esel haben, der sie tragen könnte.«

Eine schöne Geschichte – in Anlehnung an das Original von Johann Peter Hebel (1760-1826).[5]

Wie ist das mit »den Leuten«? Sie finden immer etwas zum Kritisieren und Herummeckern, wenn sie wollen. Man kann es nicht allen recht machen. Es gibt Menschen, die sagen beim Gang durch meinen Garten: »Na, da müsstest du aber auch mal wieder ran!« Und es gibt andere, die sagen: »Das ist hier ja fast steril. Das ähnelt einem Barockgarten, in dem Menschen versuchen, die Natur zu beherrschen.«

Und nun? Ich schlage nach bei Goethe: »Da steh ich nun, ich armer Tor, und bin so klug als wie zuvor.« Eine lebenserfahrene Frau hat einmal zu mir gesagt: »Ich bin nicht auf der Welt, um so zu sein, wie die anderen mich haben möchten!« Das ist ein starker Satz.

Heute Abend ist eine günstige Gelegenheit, um über etwas Wichtiges nachzudenken: Wo gehe ich *meinen* Weg – und wo lasse ich mich von den Erwartungen anderer beeinflussen und unter Druck setzen? Wichtiger als die Frage: »Habe ich es heute allen recht gemacht?«, ist die Frage, ob ich gelebt habe, wie ich es mit gutem Gewissen vor Gott und mir selbst verantworten kann, ob es echt und stimmig war, wie ich den Tag gestaltet habe.

Gott, du kennst mich,
meine Kräfte und meine Grenzen,
meine Begabungen und meine Defizite.
Ich möchte echt werden,
echt ich werden,
überein mit dir.
Amen.

27 Was der Mensch sät, das wird er ernten ...???

Wer Weizen ernten will, muss Weizen säen. Wer Spinat ernten will, muss Spinat säen und keine Petersilie. Das leuchtet ein. Seit Menschengedenken lehrt die Erfahrung: An diesem Naturgesetz gibt es nichts zu rütteln. Was der Mensch sät, das wird er ernten!

Wer Frieden sät, wird Frieden ernten. Wer Freundschaft sät, wird Freundschaft ernten. Wer anderen mit Achtung begegnet, wird die Achtung anderer Menschen ernten. Wer fair ist, wird Fairness ernten. Einspruch, werden manche sagen. Nicht immer ernten wir, was wir säen. Die Gleichung geht nicht immer eins zu eins auf.

Ein Landwirt kann alles richtig machen, gutes Saatgut kaufen und Düngergaben optimieren. Trotzdem können ihm Hagel, Wildschweine und Pilzbefall die Ernte verderben. Er weiß – bei aller Professionalität: »Wir pflügen und wir streuen den Samen auf das Land, doch Wachstum und Gedeihen liegt in des Himmels Hand.« Und bei uns? Einer hat sich engagiert, hat viel Gutes angestoßen, ist Menschen mit Respekt begegnet, hat geholfen, wo Hilfe gebraucht wurde ... Und er erlebt eine Katastrophe nach der anderen, die ihn schüttelt, die ihm den Lebensmut nimmt, die ihm den Boden unter den Füßen wegzieht.

Und umgekehrt: Da geht einer mit großer Ignoranz durch die Welt, er schaut nicht viel nach rechts und links, fühlt sich nicht zuständig, macht sich keinen Kopf – und lässt »den lieben Gott einen guten Mann sein«. Er ist mit leichtem Gepäck unterwegs und genießt sein Leben in vollen Zügen.

Einer achtet auf seine Ernährung, hält sich fit an Geist und Seele und wird schlimm krank. Einem anderen ist dieses »bewusste Leben« völlig schnuppe. Er treibt Raubbau mit seiner Gesundheit und wird doch in einer guten Verfassung alt. »Ist das fair?«, fragen wir.

Kann der, der Gutes tut, sicher sein, dass ihm alles gelingt, dass ihm viel Gutes geschenkt wird? »Wenn, dann!«

Es liegt nicht nur an uns, wie sich unser Leben entwickelt. Wir schreiben unsere Geschichte nicht allein. Andere Menschen schreiben daran mit – genau wie vieles andere, das wir weder beeinflussen noch verstehen können.

Am Abend, beim Rückblick auf den Tag, können wir uns erinnern: Unser Säen und Ernten spielt sich ab im Raum von Gottes Segen! Wie tröstlich! Ich wünsche Ihnen eine ruhige Nacht – und dass Sie morgen wieder mit Freude viel Gutes säen und hoffentlich auch ernten.

Vater im Himmel,
im Garten habe ich heute Feldsalat gesät
und freue mich schon auf die Ernte.
Und sonst?
Was habe ich gesät?
Ich habe mit dem Alzheimer-Kranken
und seiner Betreuerin gelacht.
Ich habe vermittelt zwischen zweien,
die es schwer miteinander haben.
Ich habe eine Predigt geschrieben über deine Gnade.
Dass gute Frucht wächst, ist nicht selbstverständlich.
Ich bitte dich um deinen Segen.
Amen.

28 Offen für Überraschungen?

*W*as hast du denn morgen vor, Mama?«
Ja, was habe ich vor, einen Tag vor dem Os-
terfest, mit 8-köpfigem Besuch im Haus und dem Vor-
haben, im Kreise der Familie einen runden Geburtstag
nachzufeiern?

»Eier färben, Oma im Krankenhaus besuchen, spielen,
Essen vorbereiten und die Margerite einpflanzen, die ich
vom Wochenmarkt mitgebracht habe ...«

»Das kannst du jetzt mal alles vergessen. Dein Tag
wird morgen völlig anders aussehen. Lass dich überraschen.«

Mögen Sie Überraschungen? Mein Mann erkannte gleich das große »P« in meinem Blick. Er weiß, dass
ich ein Kontrollfreak bin. Ich kann mich nicht gut darauf
einlassen, dass etwas anders kommen könnte, als ich es
geplant und bedacht habe.

»Ja, aber ... Was ist mit Oma?« – »Haben wir geklärt.«
»Was ist mit dem Essen?« – »Haben wir geklärt.«
»Was ist mit den Eiern?« – »Haben wir geklärt.«

Die Nacht vor dem Überraschungstag war unruhig.
Was dann kam, war überwältigend. Ohne weitere Erklä-
rung durfte ich mit den anderen ins Auto steigen. Das
Ziel war Rinteln. Wir wurden zum Frühstücksbuffet im
Bistro »Stadtkater« erwartet. Ein Rätsel bereitete mich

auf den nächsten Programmpunkt vor: TURNHALLE war das Lösungswort. Du liebe Zeit, was wollten wir denn in einer Turnhalle?

Die Turnhalle war reserviert für ein Familien-Tischtennis-Turnier. Alle Großen und Kleinen hatten Spaß an den Tischen, aber auch beim Torwandschießen, beim Essen und Trinken. Es gab Pokale und Medaillen. Alle haben gewonnen. Wann hatten wir das letzte Mal so viel gelacht und gespielt?

Die Kinder haben sich viel Schönes einfallen lassen, um mir einen unvergesslichen Tag zu bereiten. Ich werde auch weiterhin meinen Verstand nutzen, To-do-Listen schreiben, planen und auf Zack bleiben, aber gleichzeitig möchte ich für Überraschungen offen sein, ich möchte mich einlassen auf das, was Gott für mich arrangiert.

»Befiehl dem Herrn deine Wege und hoffe auf ihn; er wird's wohl machen« (Psalm 37,5).

Gott,
du weißt, ich habe meine Pläne und Vorstellungen,
wie alles laufen soll,
was ich schaffen möchte,
wie meine Welt aussehen soll.
Ich gehöre zu den vielen Menschen in dieser Welt,
die ungern die Kontrolle aus der Hand geben,
die lieber alles im Griff haben möchten.
Aber
wenn ich mir vorstelle,
dass du mich ab und zu überraschen möchtest,
mit viel Liebe,
mit guten Absichten –
dann könnte ich mich dir anvertrauen,
heute Nacht und morgen und alle Tage.
Amen.

29 Die Welt ins Gebet nehmen

*J*ch schließe dich heute in mein Nachtgebet ein.« –
Wie schön, denke ich. Da ist einer, der mit Gott
über mich spricht.

Über andere sprechen, schnell sein mit eigenen Kom-
mentaren, das kennen wir, das haben wir viele Male erlebt und selbst praktiziert. Was kommt da nicht alles zur
Sprache! Mit Gott über einen Menschen sprechen, das
hingegen ist etwas Kostbares. Wer für andere betet, der
spürt eine besondere Verbundenheit.

»Danke, Gott, dass es den anderen gibt. Danke, dass
ich viel Gutes durch ihn erfahren habe. Danke für alles,
was ich von ihm gelernt habe. Danke für alle Hilfe, alle
gemeinsamen Erinnerungen und alle Liebe.«

Wer für einen Menschen betet, der möchte ihn aufgehoben wissen, der bringt ihn vor Gott, die Quelle aller
guten Möglichkeiten. Gott möge schicken, was der andere braucht: Klärungen, ein hilfreiches Gespräch, eine
offene Tür, Wege aus Überforderung und Enge, einen
kompetenten Arzt, die Chance zu einem Neuanfang,
Trost in Traurigkeit. Das, was ihn drückt, möchten wir
in guter Hand wissen.

Wer mit Gott über einen anderen Menschen spricht,
der sieht nicht nur dessen Äußeres, der sieht tiefer, der
beginnt, ihn mit Gottes Augen zu sehen. Er erinnert

Gott an den weiten Raum, den er verspricht – für einen Menschen, dessen Leben eng geworden ist. Er erinnert Gott daran, dass er Freude daran hat, wenn Menschen aufblühen und entfalten können, was in ihnen steckt. Er erinnert Gott daran, dass er Versöhnung will – auch für die beiden, die sich auseinandergelebt haben. Er erinnert Gott daran, dass er Freude und Hoffnung verspricht – gerade auch den Menschen, die sich aufgrund ihrer Krankheit oder ihres Handicaps viel zu früh vom Leben verabschieden wollen.

Von Jörg Zink kommt die Idee, die Welt »ins Gebet zu nehmen«, indem man mit der Zeitung betet – für die vielen Menschen, die pflegen und entscheiden, die mit zu dem großen Netzwerk gehören, das uns hält, für die Bundeskanzlerin, die Lehrer, die Feuerwehrleute ...

Im Sauerland gibt es eine Tradition, für jemanden, der Kummer hat, eine Kerze anzuzünden. Es hat mich damals sehr getröstet, dass ein Drechslerfreund in seiner Werkstatt ein Licht für uns angezündet hat, als wir eine schlimme Zeit hatten.

Wenn wir beten, vertrauen wir Gott diejenigen an, die außerhalb unserer Reichweite sind: die erwachsenen Kinder, Freunde, die gerade viel zu schultern haben, Nachbarn, dass es nicht allzu hart für sie wird ...

Gebete bleiben nicht ohne Wirkung. Sie werden nicht immer so erhört, wie wir es uns wünschen, aber sie bewegen etwas. Wir bekommen außerdem einen neuen

Blick für die Menschen an unserer Seite, für die Spiel-
räume, die wir gestalten können. Wer weiß, wen und was
unsere Gebete alles bewegen ...

Es ist ein gutes Ritual, am Abend für die zu beten, die
uns am Herzen liegen. Und dann schlafen Sie gut!

Vater im Himmel und auf Erden,
der Tag ist zu Ende.
Ich habe getan, was ich konnte.
Ob es genug war?
Bevor ich mich mit diesem Gedanken quäle,
vertrau ich mich deinem großen Netzwerk der Liebe
und guten Möglichkeiten an.
Wo meine Hilfe endet, schick einen anderen.
Sei bei denen, die sich gerade verzweifelt nach dir
und deiner Nähe sehnen.
Jetzt bitte ich dich um einen erholsamen Schlaf.
Amen.

30 Für einen Augenblick
die Welt vergessen

*D*as Legen von »Patiencen« gehört zu meinen Lieblingsbeschäftigungen. Dabei kann ich abschalten und die ganze Welt um mich herum vergessen. Ich erlebe das, was man heute »Flow« nennt, das Einswerden mit dem Augenblick. Das ist ein wunderbarer Zustand.

Laut Internet-Lexikon »Wikipedia« ist das Ziel einer »Patience«, alle Karten den Regeln entsprechend so lange um- oder abzulegen, bis sie in vorgegebener Reihenfolge aufeinanderliegen. Die Patience ist dann »aufgegangen«.

Alle Gedanken konzentrieren sich auf das Spiel. Da bleibt kein Platz für das, was sonst zu bedenken ist, was uns manchmal die Ruhe raubt: die Stapel auf dem Schreibtisch, das Grübeln über den Katastrophen der Welt, die hohe Rechnung für die Autoreparatur, die Schneckenplage im Garten oder die vielen Dinge, die unerledigt sind.

Die kleine Nische mit der Patience tut gut: für eine halbe Stunde nicht funktionieren müssen, keinem etwas beweisen müssen. Das entspannt, das ist verwandt mit Meditation, ich bin dem Spiel hingegeben!

Der Abend lädt ein zum Spielen, zum zweckfreien Tun. Thomas von Aquin, Philosoph und Theologe aus dem 1. Jahrhundert, hat gesagt: »Das Spiel schenke uns Freude und Erholung.« Es führt Menschen zusammen. Ich denke an die vier Frauen, die jede Woche Rommé gespielt haben, auch und gerade, als eine von ihnen schlimm erkrankt war. Für einen Augenblick vergessen dürfen, was ist. Zusammen lachen und erleben, dass Leben noch mehr ist als das, wovon wir im Alltag beschlagnahmt werden.

Wann haben Sie das letzte Mal gespielt? Einfach so? Schach, Uno, Mensch-ärgere-dich-Nicht, Scrabble, Blockflöte, Gitarre, Stadt-Land-Fluss, Tischtennis, Siedler, Kniffel, Wer wird Millionär?, Puzzle, Memory, Monopoly, Phase 10 oder Schiffe versenken?

Der amerikanische Arzt O.W. Holmes war der Meinung: »Menschen hören nicht auf zu spielen, weil sie alt werden. Sie werden alt, wenn sie aufhören zu spielen.« Sind Sie auf den Geschmack gekommen, den Jungbrunnen »Spiel« für sich zu entdecken, im besten Fall mit anderen gemeinsam?

In der Bibel wird von Saul erzählt, dem ersten König Israels. Der hatte es nicht leicht mit sich. Er war von Schwermut geplagt. Mal steckte er voller Energie und Lebensfreude und dann kippte seine Stimmung, eine tiefe Traurigkeit erfasste ihn. Wer konnte ihm helfen?

Es gab einen Hirtenjungen, David. Der dichtete und komponierte Lieder und konnte sie so vortragen, dass den Menschen das Herz aufging. In der Tat, auch dem

König Saul konnte er das düstere Gemüt aufhellen. »Es wurde besser mit ihm« (1. Samuel 16,23).

Ich wünsche Ihnen Momente, in denen sich das ereignet: die Welt vergessen, dem Spielerischen Raum geben und dem Himmel nahe sein. Bestimmt werden Sie einen Weg finden, der zu Ihnen passt.

> *Gott, Schöpfer allen Lebens,*
> *ab und zu müssen wir die Arbeit unterbrechen,*
> *das Schwere loslassen,*
> *verrückt sein, singen, tanzen, lachen,*
> *mit Kindern Uno spielen,*
> *zum Rudelsingen gehen,*
> *Freunde einladen und feiern.*
> *Schenk mir diese Leichtigkeit in einem oft nicht*
> *leichten Leben.*
> *Amen.*

31 Jeder hat sein Päckchen zu tragen

★ *Einst, als das Wetter schlecht und die Ernte missraten war, litt ein kleines Dorf besonders unter der Not. Die Stimmung war gedrückt, und jedem Bewohner schien es, als leide er am meisten unter der Situation. Schließlich befragten die Dorfältesten einen Einsiedler in einer nahe gelegenen Klause, wie sie aus der allgemeinen Niedergeschlagenheit herauskommen könnten. Der Weise antwortete: »Wenn denn jeder meint, das Schicksal habe ihm die schwerste Last auferlegt, dann soll jeder seine Sorgen und Nöte zu einem Paket schnüren und es an die alte Linde in der Mitte des Dorfes hängen. Er darf sich dafür das Päckchen eines anderen nehmen.«*

Gesagt, getan. Jeder hängte seine Sorgen an den Baum und nahm sich ein anderes Päckchen. Doch wie überrascht waren alle, als sie die fremden Pakete zu Hause öffneten und feststellten, dass die Sorgen darin so viel größer waren als die eigenen! Und so eilte jeder leise zu dem Baum zurück, hängte das fremde Päckchen an einen Ast, suchte sich sein eigenes und ging zufrieden nach Hause.[6]

Wir vergleichen uns mit anderen. Das gehört wohl zum Menschen dazu. Warum sieht sie so gut aus, auf jedem

Foto ist sie gut getroffen. Und ich? Immer daneben! Warum hat sie damals so eine gute Partie gemacht? Ihr ist alles zugefallen. Und ich? Ich musste kämpfen und schauen, wie ich klar komme! Warum geht er wie ein Stehaufmännchen seinen Weg, ihn haut so schnell nichts um? Und ich? Ich habe an allem schwer zu tragen und sitze in meinen Grübeleien fest!

Wenn wir ehrlich sind, dann picken wir uns bei Vergleichen stets nur die Rosinen beim anderen heraus. Wenn wir hinter die Gardinen schauen würden, was da sonst noch alles los ist, wenn wir das Leben des anderen brutto übernehmen müssten mit allem, was dazugehört, vielleicht wollten wir dann gar nicht mehr tauschen.

Wie heißt es im Volksmund: »Wo viel Licht ist, ist immer auch viel Schatten«? Die Ideallinie, von der wir träumen, die gibt es im wirklichen Leben nicht. Es gehört immer beides zusammen, das Leichte und das Schwere. Das Schöne und das Bittere.

Jeder hat sein Päckchen zu tragen. Ein Gang durch die Nachbarschaft wird uns diesen Satz bestätigen. Dennoch liegt die Vermutung nahe, dass unser eigenes Päckchen besonders schwerwiegend ist. Auf einer nicht ganz ernst zu nehmenden »Trostkarte« stand der Satz: »Gute Besserung. Ich hatte auch schon mal, was du jetzt hast – aber viel schlimmer!«

Wir können die Päckchen, die wir zu tragen haben, nicht vergleichen. Der eine fährt braungebrannt und modisch gestylt im schicken Cabrio umher – wer aber kann ahnen, dass er zwei Handvoll gescheiterter Beziehungen hinter sich hat und zwei Kinder, die den Kontakt zu ihm abgebrochen haben?

Sie ist immer fröhlich, hilfsbereit und warmherzig – wer aber kann ahnen, dass sie als Kind missbraucht worden ist und heute noch Angst hat, wenn Männer sich ihr nähern?

Heute Abend können wir uns voller Hochachtung verneigen vor dem, was andere zu tragen haben. Was wissen wir denn? Im Idealfall werden wir uns gegenseitig helfen, unsere Lebenspäckchen zu tragen.

Guter Gott,
ich habe heute gespürt,
welche schweren Pakete Menschen zu tragen
haben.
Im Seniorenheim,
wenn die Pflege des Partners alle Kräfte aufzehrt,
wenn einer tagein, tagaus Hässlichkeiten ertragen
muss und Streit.
Ich möchte behutsam mit den Menschen umgehen,
ich weiß nicht, was sie zu tragen haben,
und kann nur ahnen, was das mit ihnen macht.
Amen.

32 Vergiss mein nicht

Vergesslichkeit ist weit verbreitet. Wir möchten jemanden begrüßen – aber der Name fällt uns nicht ein. Wir sind in den Keller gegangen – und wissen nicht mehr, was wir holen wollten. In netter Gesellschaft möchten wir ein paar Worte sagen – und schwupps ist der Faden gerissen.

Es werden viele Witze gemacht über zerstreute Professoren oder über Leute, die nicht mehr wussten, in welchem Parkhaus sie ihr Auto abgestellt hatten. Wie ist das mit unserem Gedächtnis? Warum geht uns manches zum einen Ohr herein und zum anderen gleich wieder hinaus, und anderes bleibt ein Leben lang in Erinnerung? Wir vergessen es nie wieder. Es hat einen festen Platz in unserem Kopf und in unserem Herzen.

Das, was mit wichtigen persönlichen Ereignissen verknüpft ist, was mit großen Emotionen belegt ist, das bleibt haften. Fast alle Menschen wissen, wo sie am 11. September 2001 gewesen sind. Fast alle können sich erinnern, wie die Welt aussah, als sie geheiratet haben.

Im Alten Testament wird erzählt, dass sogar die frommen Juden mit Vergesslichkeit zu kämpfen hatten. Sie brauchten Gedankenstützen dafür, dass Gott der ist, um den sich alles dreht, das A und O, die Quelle aller Kraft. Welche Gedankenstütze sollten sie sich schaffen? Eine kleine, längliche Kapsel an der Haustür, eine »Mesusa«. Darin war ein Zettel eingerollt, auf dem stand: »Sch'ma Jisrael. Höre, Israel, der Herr ist unser Gott, der Herr allein. Und du sollst den Herrn, deinen Gott, lieb haben von ganzem Herzen, von ganzer Seele und mit all deiner Kraft« (5. Mose 6,4-5).

Damit nicht genug! Am Handgelenk trugen die Juden ein Lederarmband mit demselben Text, sozusagen als Spickzettel. Bei allem, was sie taten, was sie sagten, was ihnen begegnete, sollte dieser Spickzettel daran erinnern: Gott ist da, ist immer mittendrin. Er begleitet dich auf allen Wegen, auch, wenn du dir seine Nähe manchmal ganz anders wünschst.

Wir können Gott vergessen in den Alltagen unseres Lebens, in der Flut von Bildern und Nachrichten, bei der hohen Schlagzahl, mit der wir unterwegs sind. Wir können ihn vergessen, der unsere Füße auf weiten Raum stellt, Ursprung der Welt, Ziel aller Wege ist. Wir können ihn vergessen, der uns innere Freiheit schenkt, in allem, was uns gefangen nimmt. Was wird uns nicht alles angeboten und versprochen! Was buhlt nicht alles um unsere Aufmerksamkeit! Menschen und Aufgaben, Häuser und Gärten, Hobbys und Events nehmen uns in Beschlag. Jetzt, wo der Tag sich neigt, ist eine gute Gelegenheit, unser Leben vor Gott zu bedenken, ihn hineinzubitten in unseren Alltag.

Vergiss mein nicht!
Das ist dein Wunsch an uns, Gott.
Vergiss mein nicht!
Das ist unser Wunsch an dich.
Bitte, lass unsere Wünsche zusammenfinden,
damit wir nicht das Beste verpassen:
deine Liebe,
deinen Trost und Lebensproviant.
Amen.

33 Den inneren Schatz hüten

Sie kommt mit einem Karton, den sie hübsch beklebt hat – und stellt ihre »Schatzkiste« vor. Seit 30 Jahren sammelt sie Dinge, die an schöne Erlebnisse erinnern: Konzertprogramme, Fotos, Eintrittskarten, Menükarten von besonderen Festen, Kinoplakate, Muscheln, Zeichnungen der Enkelkinder, Briefe, eine Karte von dem Bronzeengel, den sie immer bei sich trägt ...

Erstaunlich, was alles im Laufe der Jahre zusammengekommen ist. Ab und zu schaut sie in den Karton, freut sich und fühlt sich reich, unendlich reich. »Lobe den Herrn, meine Seele, und vergiss nicht, was er dir Gutes getan hat« (Psalm 103,2).

Dankbar schaut sie auf ihr Leben. Sie müssten sehen, wie sie strahlt, wenn sie von ihren Reisen nach Frankreich, Italien und England berichtet. Sie erzählt von Menschen, die sie lieb haben, auf die sie sich verlassen kann, zu denen sie jederzeit kommen kann, mit denen sie reden kann, wenn es nötig ist.

Und wenn sie die schlimmen Erfahrungen erwähnt, die auch zu ihrem Leben gehören, natürlich, dann hat sie schon mal »Pipi« in den Augen (wie unsere jungen Leute das sagen) – aber gleichzeitig erzählt sie von den Lichtblicken, die sie nach dunklen Stunden erlebt hat, spricht von Bewahrung.

Innerlich reich sein, das ist ein Schatz. Zufriedenheit, innere Freiheit und Herzensbildung sind noch nie eine Frage des Einkommens gewesen. Schön, wenn wir Menschen kennenlernen, die sich den Glanz in ihren Augen bewahrt haben – in allem, was war.

Menschen mit »Schatzblick« sind etwas Besonderes. Sie haben die Gabe, selbst im Gewöhnlichen das Wertvolle zu entdecken. Sie sind dankbar für die vielen Geschenke, die sie empfangen – von einem warmen Wohnzimmer über die Einladung zum Kaffee und den schönen Film, der sie inspiriert, bis zum Skype-Erlebnis mit den Enkeln im Ausland.

Menschen mit »Schatzblick« können sogar in Enttäuschungen Lektionen erkennen, die weiterbringen: »Enttäuschungen sind wichtig«, sagen sie, »weil sie uns zeigen, dass wir uns getäuscht haben, das wir uns ein falsches Bild gemacht haben, von anderen, von Gott, von uns selbst.«

Jetzt sind wir klüger.

Am Abend ist eine gute Zeit, mit dem Sammeln von Schätzen zu beginnen.

Was hat den Tag reich gemacht?
Wer hat den Tag reich gemacht?
Womit bin ich beschenkt worden?
Was hat mein Herz zum Klingen gebracht?

Sicherlich können Sie vieles in die »Schatzkiste« Ihres Lebens legen. Die Kiste wird voller und voller, und in manchen Stunden werden die Erinnerungen, die sie in sich birgt, zu dem, was trägt, was staunen und danken lässt.

Ich wünsche uns, dass wir zu Menschen mit einem »Schatzblick« werden.

Guter Gott,
ob wir uns reich fühlen,
hat damit zu tun,
ob wir wahrnehmen, wie viel Gutes uns geschenkt wird,
ob wir im Kleinen das Große entdecken können
und im Alltäglichen das Besondere.
Danke für mein reiches Leben.
Amen.

34 Die weltweite Familie Gottes

*D*er erste Freitag im März ist weltweit reserviert für den ökumenischen Weltgebetstag der Frauen, seit über 100 Jahren. 170 Länder beteiligen sich daran. In jedem Jahr stellt sich ein anderes Land vor, mit seiner Schönheit und seinem Kummer, mit seiner Sehnsucht und seiner Wirklichkeit, mit seiner Natur und seinen Lebensgewohnheiten. Zum Abschluss wird stets das gleiche Lied gesungen: »Der Tag, mein Gott, ist nun vergangen«. Da heißt es:

Die Sonne, die uns sinkt,
bringt drüben den Menschen überm Meer das Licht:
und immer wird ein Mund sich üben,
der Dank für deine Taten spricht.
EG 266,4

Wir gehören zur weltweiten Familie Gottes. Wir kommen zusammen mit Jubel, Not und Bedürftigkeit. Wer sich darauf einlässt, der erhält einen Blick für Gottes Welt, in der die Sonne niemals untergeht; der verlässt seine Selbstumkreisungen und ist offen für das, was andere bewegt.

Im Laufe der Jahre haben wir Malaysia, Papua-Neuguinea, Paraguay, Samoa, Indonesien, Haiti, Ghana, Birma, Äthiopien, Somalia, Indien und die Karibik kennengelernt. 2014 haben ägyptische Frauen ihr Land mit dem Thema »Wasserströme in der Wüste« vorgestellt, dazu gab es Rezepte von Koshari, Falafel, Auberginenpüree und Milchreis à la Nofretete.

Wir gehören zusammen, das wird deutlich beim Weltgebetstag. Wir sitzen alle in einem Boot. Und es ist wichtig, ab und zu über den eigenen Tellerrand zu schauen. »Wer in einem Doppelhaus wohnt, der wird nicht unberührt bleiben, wenn es bei seinem Nachbarn brennt.«, hat jemand gesagt.

Bei uns beschäftigen sich Frauen mit vielversprechenden Diäten und Wellnessprogrammen – in anderen Teilen der Welt kämpfen sie ums Überleben, ihre Kinder suchen auf Müllhalden nach etwas Essbarem. Wir hören von Situationen, die uns fremd sind – und die unsere Probleme relativieren. Wir erfahren von Frauen in höchst bescheidenen Lebensverhältnissen, die trotz allem tanzend ihr Gottvertrauen hinaussingen – und erleben bei uns ein Jammern auf allerhöchstem Niveau. Wir werden wach für das Ringen um Gerechtigkeit.

Die Welt ist Gottes Haus für alle Menschen. Die Fremde, von der ich nichts weiß, ist eine Schwester, die ich noch nicht kennengelernt habe.

Vater unser,
so beten Frauen in der ganzen Welt.
Heute Abend denke ich daran,
dass ich immer nur einen kleinen Teil der Welt
im Blick habe.
Was ich als großes Problem empfinde,
ist für andere nicht der Rede wert.
Heute Abend möchte ich bedenken,
dass wir zusammengehören als deine Kinder.
Lass diesen Gedanken mein Herz berühren.
Amen.

35 Das Gute bemerken

Auf den Tischkarten zur Geburtstagsfeier standen keine Namen. Es stand nur ein Satz des Dankes, der Wertschätzung oder der Erinnerung an gemeinsam Erlebtes darauf. Das war wenig spektakulär, aber es war erstaunlich, wie sehr sich die Gäste darüber gefreut haben.

Tak, merci, thank you, grazie, muchas gracias ... Danke ist ein Zauberwort. Wir nehmen nicht alles wie selbstverständlich hin, als hätten wir einen Rechtsanspruch darauf, sondern bemerken das Gute, das uns geschieht, durch Menschen oder durch Gott.

Im Neuen Testament wird von zehn Männern erzählt, die allesamt etwas Großes erlebt haben. Sie wurden geheilt, wie durch ein Wunder. Lange Zeit waren sie durch ihre Krankheit gehandicapt gewesen, nun konnten sie wieder am Leben teilnehmen. Was sie lange Zeit vermisst hatten, war wieder möglich. Nach langem Bangen fiel ein schwerer Stein von ihrem Herzen. Alles war gut.

Und? Es ist kaum zu fassen. Nur einer kam zurück und bedankte sich. Einer von zehn. Die anderen Neun nahmen das Gesundwerden, das wiedergeschenkte Leben hin, als sei es nicht der Rede wert, als sei es nicht des Dankes wert (Lukas 17,11-19).

»Dankbarkeit ist das Gedächtnis des Herzens«, sagt

der französische Prediger Jean-Baptiste Massillon. Dankbarkeit öffnet Herzen und Türen, schafft ein freundliches Miteinander, zeugt davon, dass wir das Gute bemerkt haben, das uns geschenkt worden ist.

Am Abend gibt es viel zu danken. An erster Stelle geht der Dank an Gott – für das Leben, für die Schöpfung, für den betörenden Duft des Flieders, für die Maiglöckchen, den Bärlauch und die Frühlingsgefühle.

Danke! Für die besonderen Momente dieses Tages. Für Menschen, die es gut mit mir meinen, die mir ein Vorbild sind, die mir das Leben erleichtern, die es – wie mein lieber Mann – schaffen, mich auszuhalten, mir Freiräume zu schenken, mich immer wieder zu ermutigen, wenn die Flügel lahm geworden sind.

Dem Postboten habe ich gedankt, dass er heute im Regen zwei schwere Pakete ins Haus getragen hat und dass er sich immer Zeit für einen kleinen Plausch nimmt. Ja, das ist zum Teil sein Beruf, aber wie er mir begegnet, das tut richtig gut.

Für den Ausflug zur Brauerei Strate in Detmold habe ich denen gedankt, die das für uns arrangiert hatten. Ein Dank auch an die drei Inhaberinnen, die mit Begeisterung, Tatkraft und Geschick die Brauerei leiten und mit ihrem neuesten Bier den Preis »Bier des Jahres« gewonnen haben. Ihr Wahlspruch heißt: »Wer schaffen will, muss fröhlich sein!«

Ob dankbare Menschen mehr Gutes erleben als die

Nörgler und ständig Unzufriedenen, die alles schlechtreden? Wahrscheinlich haben dankbare Menschen feinere Antennen, um das Gute zu bemerken, das ihnen der Tag schenkt – und sie sind in der Lage, Gott und Menschen darüber ein Feedback zu geben. Auf jeden Fall besitzen sie das, was heute einen altmodischen Klang hat: Herzensbildung. Wer viel zu danken hat, ist glücklich.

Guter Gott,
heute Abend habe ich viel zu danken:
für die roten Beeren am Feuerdorn,
für das leckere Pflaumenmus, gekocht von meiner
90-jährigen Mutter,
für den Konzertabend,
die reifen roten Trauben im Garten
und den Enkel, der beim Frühstück schmetterte:
»Du bist da, wo Menschen leben.«
Amen.

36 Auch der Körper braucht Liebe

F alls Sie Ihre Abende in Turnhallen, Schwimmbädern oder Fitness-Studios verbringen, können Sie diesen Beitrag getrost überspringen. Falls Sie jedoch beim Anblick von athletischen Körpern und erstaunlich beweglichen 80-jährigen Tänzerinnen auf die Idee kommen: »Hm, etwas Bewegung könnte nicht schaden ...«, dann lesen Sie bitte weiter.

Wie wäre es mit einer Mischung aus Entspannung, Straffung und Muskelaufbau, jetzt, am Abend? Wir wissen doch: Muskeln, die nicht gefordert werden, erschlaffen. Bänder, die nicht gedehnt werden, verkürzen sich. Und ein Beckenboden, der nicht trainiert wird, na ja, das müssen wir nicht weiter beschreiben ...

Also, seien wir aus Liebe zum Körper gut zu unserem Rücken und unseren Gelenken, tun wir etwas für unser Wohlbefinden, damit wir auf Zack bleiben. Der Teppich vor dem Fernseher reicht als Übungsmatte. Trendige Sportkleidung ist nicht erforderlich – und Zeit haben Sie bestimmt auch – zumindest ein bisschen.

Übung 1
Auf dem Rücken liegend »Radfahren«.

Übung 2
In Rückenlage die Füße auf den Boden stellen, dann den

Po anheben und in den »Schulterstand« gehen. Po anspannen. Sieben Wiederholungen.

Übung 3
In Rückenlage die Füße auf den Boden stellen. Die Hände hinter dem Kopf falten und versuchen, mit dem rechten Ellenborgen das linke Knie zu berühren, danach mit dem linken Ellenbogen das rechte Knie (dabei sollten die Hände nicht am Kopf reißen, sondern nur die Halswirbelsäule abstützen). Sieben Wiederholungen.

Übung 4
In Rückenlage die Beine in der Luft anwinkeln, dann ein Bein nach dem anderen nach oben strecken. Sieben Wiederholungen.

Übung 5
In den Kniestand gehen und einen »halben Liegestütz« (oder: »Frauenliegestütz«) machen. Zehn bis fünfzehn Wiederholungen.

Übung 6
In den Vierfüßlerstand gehen. Gleichzeitig den rechten Arm nach vorn und das linke Bein nach hinten ausstrecken. Danach den linken Arm nach vorn und das rechte Bein nach hinten ausstrecken. Sieben Wiederholungen.

Übung 7

Im Stand das linke Knie so hoch wie möglich Richtung
Brust anziehen und mit den Händen festhalten, dann
das rechte Knie. Jeweils sieben Wiederholungen.

Hat es Spaß gemacht? Finden Sie heraus, was Ihnen guttut. Solche kleinen Übungen erfordern keinen großen
Aufwand, bleiben aber auf Dauer nicht ohne Wirkung.
Wer weiß, vielleicht werden wir in einem Jahr über den
berühmten »Vorher nachher«-Vergleich staunen. Ich
wünsche Ihnen gutes Gelingen!

Guter Gott,
manchmal gehe ich nicht liebevoll
mit meinem
Körper um, du weißt das.
Ich nehme als selbstverständlich hin, dass er
funktioniert – und manchmal überfordere ich ihn.
Ich möchte nicht warten,
bis er seinen Unmut äußert.
Ich möchte ihm Gutes gönnen und Danke sagen,
heute Abend.
Ich massiere die Füße, trinke Tee und mache einen
Spaziergang
in der Nachbarschaft.
Danke für meinen Körper.
Amen.

37 In den Ruhemodus schalten

Inge ist eine tolle Frau. Sie ist belesen, liebt klassische Musik und hat ihre Wohnung geschmackvoll eingerichtet. Im Beruf ist sie erfolgreich. Alle schätzen sie wegen ihrer Kompetenz. Sie pflegt einen interessanten, großen Freundeskreis.

Inges Leben verläuft im »grünen Bereich«. Sie hat alles bedacht, für alles vorgesorgt, ist ein Organisationstalent. Aber sie hat ein Problem. Mit dem Schlafen klappt es nicht. Sie kommt nicht zur Ruhe, kann sich nicht fallen lassen, kann den Tag nicht abgeben. Ihr wird bewusst, dass es Dinge gibt, auf die sie keinen Einfluss hat. Es gibt Bereiche, die sich ihrer Kontrolle entziehen.

Vieles haben wir im Griff. Manches können wir uns erarbeiten. Wir können lernen, wie wir mit autogenem Training abschalten und entspannen. Wir können bei den Weight Watchers relativ schnell acht Kilo abnehmen. Man kann mit 80 Jahren lernen, im Internet zu surfen und mit Familienmitgliedern im Ausland zu skypen. Auf diesen Gebieten können wir enorm viel zustande bringen. Wir haben die Trümpfe in der Hand.

Aber es gibt auch eine andere Seite. Da liegt es nicht an unserem Einsatz, Wissen und Geschick, wie sich etwas entwickelt. Wir stehen ratlos und hilflos da. Wir haben gut geplant, die Weichen klug gestellt – und ohne

Vorwarnung knallt etwas dazwischen, das alles über den Haufen wirft. Und nun?

Eine Frau Mitte 70 sagt: »Mensch, das habe ich doch immer mit links erledigt. Und jetzt macht mir das kaputte Kniegelenk einen Strich durch die Rechnung.« Sie erlebt ihren Körper als Bremse. Eine Mutter steht hilflos daneben, als die Ehe ihres Sohnes zerbricht. Wir gerne möchte sie helfen, versöhnen, die Welt in Bewegung setzen.

Jeden Abend erleben wir bewusst oder unbewusst, dass wir eine Grenze überschreiten, dass wir uns dem Ungewissen anvertrauen müssen. Wir wechseln vom Aktivsein zum Aus-der-Hand-Geben. Wir wechseln vom Verantwortung-Tragen zum Verantwortung-Abgeben.

Den Tag über sind wir im »Online-Modus«, immer erreichbar, immer zuständig, mittendrin. In der Nacht schalten wir ab. Auch das Handy. Jeden Abend lassen wir los, überlassen wir uns der Nacht, überlassen wir uns Gott. Im Psalm 4,9 heißt es: »Ich liege und schlafe ganz mit Frieden; denn allein du, Herr, hilfst mir, dass ich sicher wohne.« Es braucht Vertrauen, wie beim Einsteigen in ein Flugzeug, wie vor einer Operation, wie beim Jasagen vor dem Traualtar.

Dass Ihnen dieses Umschalten und Abschalten gelingt, mit Körper, Seele und Geist, das wünsche ich Ihnen.

Guter Gott,
ich habe heute viel gesehen,
viel gehört und viel bewegt.
Nun gebe ich dir den Tag zurück.
Alles, was ich geschafft habe
und was mich froh gemacht hat.
Alles, was mich aufgewühlt
und nach unten gezogen hat.
Wenn ich loslasse, bin ich es los.
Wo ist es besser aufgehoben als bei dir?
Amen.

38 Angst hat viele Namen ...

*A*ngst vor dem Zahnarzt, vorm Fliegen, vor einem Orkan, vor dem Versagen, vor großen Menschenmengen in kleinen Räumen. Angst vorm Alter, davor, dass wir vielleicht dement oder ein Pflegefall werden. Angst vor dem Verlust eines lieben Menschen. Statistiken lehren uns: Es betrifft nicht nur die anderen.

Angst ist kein bloßes Gefühl. Unser Körper reagiert darauf, mit Bauchschmerzen, Schweißausbrüchen, Unruhe und Herzbeklemmungen. Angst lähmt und blockiert. Im Dunkeln läuft sie zur Höchstform auf, sie weiß wohl, dass sie uns dann besonders heftig erwischen kann. Ein Marder im Dach wird zum lebensbedrohlichen Monster – eine Maus in der Küche nagt an den Fundamenten des Lebens. Und ein mitternächtlicher Gang über den Bahnhof löst Erinnerungen an schlimmste Krimiszenen aus.

Angst gehört zum Leben wie andere große Gefühle. Sie ist sogar wichtig, weil sie uns vor Gefahren warnt. Dabei erwischt sie nicht nur zart besaitete Frauen, auch starke, mutige Männer sind nicht vor ihr gewappnet. Ich denke an die jungen Kerle, die damals mit dem Boot auf dem See Genezareth unterwegs waren. Ein fürchterliches Unwetter zog auf, da machte keiner mehr flotte Sprüche. Sie hatten vor Angst die Hosen voll. Die Elemente können stärker sein als wir. Es kann etwas in unserem Leben heraufziehen, dem wir hilflos ausgeliefert sind.

Einer liegt im Schiff und schläft: Jesus. Er schläft! Mit einer Ruhe, die nicht von dieser Welt ist. So stelle ich mir die Ruhe im Herzen eines Taifuns vor – die Ruhe bei Gott. Die Jünger schreien aus Angst um ihr Leben: »Siehst du denn nicht, was los ist ...? Wir sind verloren!« (Markus 4,35-41).

Ja, wir haben Angst – und auch die 1000 Ratgeber in den Regalen der Buchhandlungen schaffen die Angst nicht aus der Welt. Wir haben alle unsere Erfahrungen mit den Stürmen des Lebens, mit Turbulenzen. »In der Welt habt ihr Angst«, sagt Jesus. Dabei bleibt er jedoch nicht stehen, es kommt der Trost: »Aber seid getrost, ich habe die Welt überwunden« (Johannes 16,33).

Das, was Angst macht, löst sich in der Regel nicht wie durch ein Wunder, durch einen Zuspruch, durch unser Gebet auf. Eine Windhose wird nicht umgeleitet – weder von Petrus noch vom Deutschen Wetterdienst. Ein Sehnerv, durch Glaukom beschädigt, kann nach heutigem Stand der Medizin nicht ersetzt werden. Das Leben bleibt begrenzt. Was hilft dann gegen die Angst?

Mit Gott und Menschen darüber sprechen, das hilft. Sie bloß nicht verdrängen, weil man ja kein »Angsthase«, keine »Memme« sein möchte. Darauf zugehen. Das Gespräch wagen, vor dem wir uns fürchten. Keinen Bogen mehr machen um das Bedrohliche und Fremde.

Die Geborgenheit, die nicht von dieser Welt ist, die wünsche ich Ihnen heute Nacht.

Guter Gott,
ja, ich habe Angst.
Es kann geschehen, das uns der Boden unter den Füßen weggezogen wird.
Es kann uns genommen werden, was uns lieb ist.
Wir sind nur für kurze Zeit zu Gast in dieser Welt.
Ja, ich habe Angst vor dem Versagen und Verlieren,
vor dem Abschiednehmen.
Bitte schenk mir die Geborgenheit,
die nicht von dieser Welt ist und
die mir in deiner Nähe geschenkt wird.
Amen.

39 Feier-Abend

*J*apaner haben eine besondere Badekultur. Wir haben sie kennengelernt, als wir vor vielen Jahren ein Haus für einen Japaner geplant haben. Für den Bauherrn gehörte eine beheizbare Badewanne unbedingt dazu.

Er erzählte, dass es in seiner Kultur üblich sei, nach dem Arbeitstag in eine Wanne mit heißem Wasser zu steigen – nachdem man sich vorher gründlich gereinigt habe. Das entspanne und entschlacke – ähnlich wie ein Besuch in der Sauna. So könne er den Tag, mit allem, was es zu tun und zu bedenken gegeben habe, hinter sich lassen und den Abend genießen.

Der Abend ist eine kostbare Zeit. Manchmal wird es ein »Feier-Abend« im besten Sinne des Wortes. Was uns tagsüber in Beschlag genommen hat, tritt in den Hintergrund. Jetzt müssen wir nicht funktionieren, wir dürfen genießen: ein leckeres Essen, ein gutes Buch, das Gespräch mit dem Partner, schöne Musik oder auch das Fernsehprogramm, mit Bedacht gewählt.

Tagsüber müssen wir unsere Rollen ausfüllen, jetzt dürfen wir sein, wie wir sind – müssen nicht müssen. Tagsüber stehen wir unter Druck, müssen Gas geben, jetzt können wir entschleunigen. Tagsüber haben wir ein volles Programm, jetzt sind wir frei für das, was uns guttut, frei für das, was das Leben auch noch wertvoll macht.

Vom alten Apostel Johannes erzählt man sich, er habe gerne mit seinem zahmen Rebhuhn gespielt. Ein Jäger, der eines Tages vorbeizog und Johannes dabei beobachtete, verwunderte sich sehr, dass ein so angesehener Mann sich dafür hergab. Es schien ihm, als könne der Apostel seine kostbare Zeit für wichtigere Dinge einsetzen. Deshalb fragte er ihn: »Warum vertust du deine Zeit mit dem nutzlosen Tier?«

Johannes hielt erstaunt inne und gab zurück: »Weshalb hast du den Bogen in deiner Hand nicht gespannt?«

»Das darf ich nicht«, erwiderte der Jäger, »sonst würde der Bogen an Spannkraft verlieren, und wenn ich einen Pfeil abschießen wollte, hätte er keine Kraft mehr.«

»Junger Mann«, belehrte ihn alsdann der alte Apostel, »so wie du deinen Bogen immer wieder entspannst, so musst du auch dich selbst immer wieder erholen. Sonst fehlt dir die Kraft für eine große Anspannung, und du kannst nicht mehr tun, was notwendig ist.«

Was fällt Ihnen ein zu einem Feier-Abend, wie Sie ihn sich wünschen? Füße baden, spielen, Freunde einladen, einen Abendspaziergang machen und sich die Luft um die Nase wehen lassen, Tee trinken, lesen, eine Honigmaske auf das Gesicht streichen, mit den Kindern telefonieren, ein Puzzle legen, ins Kino gehen, Gartenzeitungen durchblättern?

Vater im Himmel!
Feier-Abend –
danke für diesen Tag meines Lebens.
Jetzt gebe ich bei dir ab, was war,
Liebe, Staunen, Gelingen,
was ich versäumt habe, unbedachte Worte,
Menschen, für die meine Liebe nicht gereicht hat.
Segne alles Tun und Lassen.
Amen.

40 Perle der Nacht

Menschen sind auf der Suche. Sie suchen nach Quellen, aus denen sie Kraft und Weisheit schöpfen können. Sie suchen nach dem Heiligen, nach Antworten auf die großen Fragen des Lebens.

Martin Lönnebo war Bischof in der schwedischen Stadt Linköping. Er hat oft darüber nachgedacht, wie Menschen von heute einen Zugang zu Gebet und Meditation finden können. Auf einer Reise nach Griechenland begegnete er einer Frömmigkeit mit Ikonen und Rosenkränzen. Ob es das war, was den kopflastigen Protestanten fehlte – etwas, das man berühren und mit den Sinnen wahrnehmen konnte?

Der Bischof kam auf die Idee, ein Gebetband zu gestalten, das die Botschaft des christlichen Glaubens enthält – und zwar so, dass Menschen des 21. Jahrhunderts einen neuen Zugang dazu finden. Man trägt diese »Perlen des Glaubens« als ständigen Begleiter am Handgelenk. Sie sollen helfen, zu sich selbst, zu Gott und zur Gemeinschaft mit anderen zu finden. Und sie möchten den Alltag ab und zu unterbrechen für das, worauf es im Leben ankommt.

Zwischen Perlen der Stille geht es um Gott, das Ich, die Taufe, die Wüste, die Gelassenheit, die Liebe, das Geheimnis und die Auferstehung. Lange Zeit hat Martin

Lönnebo gezögert, ob auch eine »Perle der Nacht« am Band sein sollte, das er selbst »Rettungsring« – »Frälsar-kransen« – genannt hat. Er befürchtete, dass viele Menschen Schwierigkeiten damit haben könnten, weil sie den Gedanken an die dunkle Seite des Lebens, an den Tod als unangenehm und belastend empfinden.

Doch: Das Dunkle und Schwere, Angst und Zweifel, Trauer und Verlassensein gehören zum Leben dazu. Selbst wenn wir diese Themen gern vermeiden und verdrängen, sie holen uns immer wieder ein. Jeder Mensch erlebt Brüche, Krankheiten, Katastrophen – Zeiten, in denen er nicht weiß, wie er durchkommen soll. Die Perle der Nacht erinnert daran, dass Gott auch in den dunklen Zeiten des Lebens nahe ist, auch, wenn wir uns seine Nähe ganz anders wünschen und vorstellen.

Es ist klug, das Dunkle und Schwere des Lebens nicht weit weg zu schieben. Es gehört dazu. Und wenn es gut geht, wird die Begegnung mit Tod, Abschied und Leid dazu führen, dass wir unsere begrenzte Zeit, unsere begrenzten Möglichkeiten intensiver nutzen. In den »Nächten des Lebens« sieht man vieles klarer.

In ganz Europa werden die »Perlen des Glaubens« mittlerweile getragen. Menschen möchten keine klugen Bücher über Gott lesen. Sie möchten ihn spüren, möchten ihm die Nächte ihres Lebens und die Nächte der Welt anvertrauen, weil bei ihm die Nächte nicht dunkel bleiben. Auch diese Nacht wird nicht dunkel bleiben.

Guter Gott,
Nächte sind unheimlich und gruselig.
Wir geben die Kontrolle ab.
Du bist da,
wie gerne möchte ich das erfahren,
nicht nur mit dem Kopf.
Schick mir kleine Lichtblicke –
gerne auch von denen, die keine großen Leuchten
sind.
Und lass mich selbst
zu einem Lichtblick werden für einen,
in dessen Leben es gerade sehr dunkel ist.
Amen.

41 Briefe schreiben – (k)ein Auslaufmodell?

ie Kunst des Briefeschreibens erlebte im 18. und 19. Jahrhundert ihre Blüte. Berühmte und weniger berühmte Menschen teilten einander mit, wie sie liebten, kämpften, feierten, weinten, glaubten, Abschied nehmen mussten und zweifelten, wie sie den Alltag gestalteten, was sie für den anderen empfanden, wie sie ihre Kinder erzogen.

Eine Frau fand die Briefe, die Vater und Mutter sich während der Kriegsjahre 1940–1945 geschrieben hatten. Wie ein Schatz kamen sie ihr vor. Sie hatte den Eindruck, sie würde ihre Eltern ganz neu kennenlernen. Die Weltgeschichte vermischte sich mit der Familiengeschichte. Von Heimweh war die Rede, vom Vermissen und von Sehnsucht. Vater schrieb von Kameraden, die gefallen waren und von der Angst im Schützengraben. Mutter erzählte von Not, einsamen Nächten, von ihrem Kampf, die Familie allein durchzubringen. Nie hatte sich die Frau ihren Eltern so nah gefühlt wie beim Lesen der alten Briefe.

Die Zeit hat sich verändert. Heute greifen nur noch wenige zu Füllfederhalter und Briefbogen. Uns stehen andere Möglichkeiten der Kommunikation zur Verfügung. Wir simsen, posten, twittern, skypen, chatten – wenn Sie diese Zeilen lesen, wird wahrscheinlich noch etwas Neues dazugekommen sein.

Wer beschreibt noch mit großen Worten und Gefühlen ein Konzert von David Garrett, von der Gänsehaut und dem Schauer, der den Rücken herunterlief? Heute lassen wir unsere Freunde einfach live dabei sein. Sie können mitsehen und mithören. Das Smartphone macht es möglich! Wir skypen mit Freunden im Ausland, können schnell Informationen und Fotos übermitteln. So lassen wir andere an unserem Leben teilhaben.

Ich möchte das alles in unserer mobilen Gesellschaft nicht missen. Gleichzeitig trage ich eine altmodische Seite in mir. Ich mag es, Briefe zu schreiben und zu empfangen. Es hat etwas mit Wertschätzung zu tun, und die kommt bekanntlich nie aus der Mode. Ich mag es, mir Zeit zu nehmen, gerade am Abend, wenn es ruhig ist. Mir Zeit zu nehmen, um andere teilhaben zu lassen an dem, was mich bewegt, was ich vermisse und was mich reich macht. Ich mag es, von Ereignissen zu schreiben, die einen tiefen Eindruck in mir hinterlassen haben, von dem, was ansonsten ungesagt bleibt. Ich mag es, Herz und Seele zu zeigen, möchte ausdrücken, was mir jemand bedeutet, was ich ihm wünsche, dass ich ihn mag! Ich möchte manches sagen, für das eine Facebook-Gemeinde kein geeignetes Forum ist.

Ab und zu schreibt mein Mann – der sonst WhatsApp-Fan ist – Briefe an die Kinder. Er lässt sie an seiner Lebensphilosophie teilhaben, an seinen Einsichten, seiner Arbeit und seinem Hobby. Er schreibt, was er ihnen für die Zukunft wünscht, an welche Erlebnisse aus der Kindheit er sich erinnert – und wird dabei zum Poeten. Es ist rührend, diese Briefe zu lesen.

Egal wie, wichtig ist doch, dass wir uns mitteilen, dass wir teilhaben und teilnehmen am Leben der anderen. Denn das entscheidet darüber, wie unsere Beziehungen aussehen. Ich glaube: Der Abend ist eine gute Zeit zum Reden und Schreiben.

> *Guter Gott,*
> *ich schreibe gerne, das weißt du.*
> *Es ist etwas Wertvolles und Zartes.*
> *Manches kann ich nicht sagen, das kann ich nur*
> *schreiben.*
> *Ich möchte den anderen teilhaben lassen an dem,*
> *was ich erlebe und beobachte und träume.*
> *Ich möchte Beziehungen dadurch bereichern,*
> *dass ich mein Herz sprechen lasse,*
> *dass du vorkommst.*
> *Bitte, gib Mut und Fantasie*
> *zum großen Abenteuer des Schreibens.*
> *Amen.*

42 Die Nacht, als der Himmel
die Erde berührte

★ *Es begab sich aber zu der Zeit, dass ein Gebot von dem Kaiser Augustus ausging, dass alle Welt geschätzt würde. Und diese Schätzung war die allererste und geschah zu der Zeit, da Cyrenius Landpfleger in Syrien war. Und jedermann ging, dass er sich schätzen ließe, ein jeglicher in seine Stadt.*

Da machte sich auch auf Joseph aus Galiläa, aus der Stadt Nazareth, in das jüdische Land zur Stadt Davids, die da heißt Bethlehem, darum dass er von dem Hause und Geschlechte Davids war, auf dass er sich schätzen ließe mit Maria, seinem vertrauten Weibe, die war schwanger.

Und als sie daselbst waren, kam die Zeit, da sie gebären sollte. Und sie gebar ihren ersten Sohn und wickelte ihn in Windeln und legte ihn in eine Krippe; denn sie hatten sonst keinen Raum in der Herberge.

Und es waren Hirten in derselben Gegend auf dem Felde bei den Hürden, die hüteten des Nachts ihre Herde. Und siehe, der Engel des Herrn trat zu ihnen, und die Klarheit des Herrn leuchtete um sie; und sie fürchteten sich sehr. Und der Engel sprach zu ihnen: Fürchtet euch nicht! Siehe, ich verkündige euch große Freude, die allem Volk widerfahren wird; denn euch ist heute der Heiland geboren, welcher ist Christus, der Herr, in der Stadt Davids.

Lukas 2,1-11 (LUT 1912)

Dies ist wohl die bekannteste Geschichte der Welt. Mit ihr beginnt eine neue Zeitrechnung. Gott steigt hinab zu seinen Menschen, die von Natur aus gerne hoch hinaus möchten. Der Himmel berührt die Erde. Ausgerechnet in Bethlehem wird der Heiland geboren. In der Provinz, wo Fuchs und Hase sich gute Nacht sagen. Er wird geboren in einer Nacht, die dunkel war wie jede andere, die aber ein Geheimnis hat. Ihr Geheimnis strahlt aus, bis heute, in die ganze Welt.

Gott wird Mensch.

Auch durch uns und in uns! Wir dürfen mitwirken an der Geschichte des Friedens, der Hoffnung und der Liebe, die in Bethlehem begonnen hat. Christus will geboren werden, immer wieder.

Es ist Nacht. Die Mutter sitzt am Bett ihrer Tochter und erneuert die Wadenwickel, damit das Fieber sinkt.

Es ist Nacht. Ein Moderator im WDR sitzt im Studio und wird zum Gesprächspartner für Menschen, die reden möchten, über ihre Traurigkeit, ihr schlechtes Gewissen oder eine zerbrochene Beziehung. Bei einer Sendung versuchen 30 000 Menschen anzurufen.

Es ist Nacht. Die Ärztin hat Bereitschaft in der Notaufnahme. Zum Schlafen bleibt keine Zeit. Ein Herzinfarkt, ein Suizidversuch, ein Asthmaanfall und ein akuter Blinddarm werden eingeliefert.

Die Geschichte der Menschen – mit allem, was dazugehört – wird verbunden mit der Geschichte Gottes. Der Himmel berührt die Erde. Es muss mit uns nicht bleiben, wie es ist. Es muss in dieser Welt nicht bleiben, wie es ist. Christus will geboren werden, immer wieder. Auch jetzt, in diesem Moment. Dieser Gedanke mag Sie in die Nacht begleiten.

Du bist Mensch geworden,
damals, in der Heiligen Nacht, in Bethlehem.
Einer sagte: »Wenn Weihnachten das Fest der
Liebe ist,
warum feiern wir es dann nur einmal im Jahr?«
Ja, warum lassen wir es nicht heute geschehen,
dass Menschen froh werden, aufblühen,
getröstet sind, sich versöhnen und einander beistehen,
das Gute tun und das Schlechte lassen?
Bitte lass es immer wieder geschehen,
dass du Mensch wirst,
auch durch uns.
Amen.

43 Mit dem Kopf durch die Wand?

Die Latte mit den Erwartungen an uns selbst liegt hoch. Wir haben ein bestimmtes Bild von uns, das wir anderen präsentieren möchten – und natürlich stehen wir unter Druck, weil wir diesem Bild entsprechen wollen. Ist ja klar!

Was passiert? Der Körper meldet sich zu Wort und sagt »Stopp! Du brauchst Ruhe, du kannst nicht ständig über deine Kräfte leben!«

»Mag sein, dass ich Ruhe brauche, aber jetzt doch nicht, wo so viel zu tun ist!«

»Gut, wenn du nicht einsichtig bist, dann ziehe ich dich eben eine Woche lang mit einer Bronchitis aus dem Verkehr!«

Wir haben bestimmte Vorstellungen, wie wir Feste feiern möchten, wie das Haus aussehen soll und der Garten. Mein Mann sagt immer »Halt den Ball flach, dann bist du hinterher nicht so kaputt!« Er hat recht, ich weiß das aus jahrelanger Erfahrung, aber trotzdem habe ich meine Vorstellungen von einem schönen Fest und denke, das schaffe ich auch alleine, du wirst schon sehen. – Und was ist das Ende vom Lied? Ich werde krank.

Die Symptome auskurieren, wenn ich flach im Bett liege, ist das eine. Habe ich auch den Mut, nach den Ursachen zu fragen? »Lass dich nicht hängen. Es wird schon irgendwie gehen«, ist zu wenig, wenn eigentlich dahintersteckt: Das Pensum, das du dir aufpackst, ist zu groß! Dein Lebensstil macht dich kribbelig und unzufrieden – und das hat Folgen.

Haben Sie schon von Bileam gehört? Bileam war ein »Seher«. Er hatte einen Auftrag von Gott, das Volk Israel zu segnen, und er hatte ein attraktives Gegenangebot von König Balak. Tja, auch »Seher« sind eben verführbar, wenn die Gage stimmt. Und was passierte? Die Eselin, mit der Bileam unterwegs war, stellte sich quer. Sie verweigerte sich. Erst rannte sie ins Feld, dann quetschte sie Bileam das Bein und schließlich ging sie in die Knie. Die Eselin wusste mehr als ihr Herr. Von wegen »dummer Esel« – Tiere haben einen feinen Instinkt. Bileam jedoch nahm den Stock und schlug auf die Eselin ein – so lange, bis ihm endlich aufging, dass er auf dem falschen Weg war, dass er sich verrannt hatte (4. Mose 22).

Ähnlich wie Bileam setzen wir uns manchmal etwas in den Kopf und lassen uns nicht aufhalten, schon gar nicht von anderen Leuten. »Was bilden die sich ein? Ich weiß schon, was für mich gut ist.« Wir regen uns über die auf, die uns kritisieren, die uns Steine in den Weg legen, und merken erst später, dass sie ein Geschenk des Himmels waren und uns auf etwas Wichtiges hinweisen sollten.

Uns stehen in der Regel keine Esel im Weg. Aber es gibt andere Zeichen, aus denen wir etwas lernen können. Aus dem Scheitern. Aus Blockaden. Aus Enttäuschun-

gen. Aus Krankheit. Wenn wir uns den Kopf einschla-
gen, mit dem wir durch die Wand wollten.

Gott, ich schaue zurück auf den Tag.
Du kennst mein Herz.
Du weißt, wenn ich mir etwas
in den Kopf gesetzt habe,
dann lasse ich mich nicht gerne aufhalten,
dann lasse ich mir nicht gerne reinreden.
Wenn es sein muss, schick mir auch eine Eselin,
egal wie.
Amen.

44 Nicht eingelöste Gutscheine

Seit sechzehn Monaten liegt er in meinem Regal für schöne Dinge: ein Gutschein für einen Tag Wellness im benachbarten Kurort, mit Sauna, Thermalbad, Massage und Kosmetik.

Ich Dödel denke: »Wenn's mal passt, dann löse ich ihn ein! – Wenn die Tage nicht gar so voll sind!« Sechzehn Monate lang denke ich das – und weiß: Das ist verrückt! Warum bin ich nicht längst ausgebüchst und habe zuerst mir und dann auch den anderen gesagt: Ich bin dann  mal weg zum Verwöhnen, damit ich hinterher wieder kreativ sein kann und mich in meiner Haut wohlfühle?!

Wahrscheinlich haben Sie Ihre Gutscheine alle eingelöst, alle Einladungen zum Essen, ins Musical, zum Kochkurs und zum Bogenschießen-Schnupperkurs. Wie sagte unsere Kanzlerin neulich: »The proof of the pudding is the eating!« Was nützen alle guten Angebote, wenn wir ihre Wohltaten nicht spüren, wenn wir nicht ausprobieren und einlösen, was uns versprochen wird?

Jeder Tag hält »Gutscheine« für uns bereit – Chancen, Gutes zu tun, Chancen, Gutes zu erfahren und wahrzunehmen: die Chance, bei einem Fest mit lieben Menschen wertvolle Zeit zu nutzen. Die Chance, mit einer Freundin einen Cappuccino zu trinken und ein bedeutungsvolles Gespräch über Gott und die Welt zu führen. Die Chance, den Sommermorgen mit einigen Bahnen im Schwimmbad zu begrüßen, mit dem Sohn einen Drachen zu bauen. Die Chance, die alte Dame zu besuchen, von deren Lebenskunst wir schon viel gelernt haben und die viel allein ist. Wenn wir uns keine Zeit nehmen für die Dinge, die uns wichtig sind, werden wir keine Zeit haben. So einfach ist das.

Hochwasser hat die Stadt überflutet. Ein Mann bittet Gott, er möge helfen. Fünf Minuten später fährt sein Nachbar mit einem kleinen Ruderboot vorbei. »Schnell, steigen Sie ein, ich nehme Sie mit!«

»Schon gut«, antwortet der Mann, »meine Hilfe ist bereits unterwegs.«

Das Wasser steigt höher. Der Mann klettert ins Dachgeschoss. »Gott, du siehst meine Not, schick mir Hilfe!« Retter vom THW werfen ihm einen Rettungsring zu. Der Mann sagt: »Es ist alles gut, Gott wird mir helfen!«

Das Wasser steigt höher, der Mann sitzt mittlerweile auf dem Dach des Hauses: »Gott, jetzt ist es aber allerhöchste Zeit für deine Hilfe.« Ein Hubschrauber naht und lässt eine Strickleiter herunter. »Fliegen Sie ruhig weiter, meine Rettung ist gleich da.«

Zehn Minuten später ist das Haus in den Fluten verschwunden und der Mann steht wütend vor seinem Schöpfer: »Warum hast du mich im Stich gelassen?«

Gott schaut ihn an und antwortet: »Ich habe dir deinen Nachbarn, ein Rettungsschiff und einen Hubschrauber geschickt. Was sollte ich denn noch tun?«[7]

Verpassen Sie die Chancen nicht, die Gutscheine des Lebens. Verpassen Sie das Kleine nicht, während Sie auf das Große warten. Verpassen Sie das Leben nicht. Verpassen Sie vor allem Gott nicht, weil er womöglich anders kommt, als Sie erwarten.

Morgen ist ein guter Tag, um Gut-Scheine zu nutzen. Mit diesem Gedanken wünsche ich Ihnen eine gute Nacht.

Vater im Himmel,
stell dir vor, es war Musik in der
Fußgängerzone zu hören,
die Sonne gab ihr Bestes,
es war ein schöner Platz frei im Café.
Mein Kopf sagte: »Heute nicht,
du hast noch viel zu tun!«
Du schenkst mir zahllose Gelegenheiten
zum Staunen und Genießen,
für Begegnungen, die das Herz berühren.
Und ich sage: »Später, wenn ich mehr Zeit habe!«
Ob es dir möglich ist,
mich von meiner Dummheit zu befreien?
Bitte ...
Amen.

45 Keine Angst vor Riesen

*J*n der Geschichte von Jim Knopf und Lukas, dem Lokomotivführer, gibt es einen Herrn Tur Tur. Er ist ein Scheinriese, gruselig und furchterregend. Je weiter weg man von ihm steht, umso größer und bedrohlicher erscheint er. Je näher man ihm kommt, umso kleiner wird er. Das Erstaunliche ist: Wenn man ihm sehr nahe kommt, sieht er aus wie ein ganz normaler Mensch, der sogar einsam und traurig sein kann.

Jemand erwähnte diese Geschichte im Zusammenhang mit einem Menschen, der im Rampenlicht steht, der gescheit, attraktiv, erfolgreich, beliebt und gefeiert ist. »Und je näher man ihm kommt, desto mehr schrumpft er auf ein normales Maß. Da bleibt nicht viel von dem, was in der Ferne beeindruckt hat«, sagte der Mann.

In der Bibel lesen wir von David und Goliat, von einem Kampf, bei dem sich zwei ungleiche Gegner gegenüberstehen. Goliat ist ein Riese, ein drei Meter langer Muskelprotz. Man nennt ihn den »Glänzenden«, weil er bislang aus jedem Kampf als Sieger hervorgegangen ist. An Reichweite, Rüstung und Schlagkraft ist er David eindeutig überlegen.

Ich stelle mir vor, wie er sich mit seinem Imponiergehabe aufplustert: »Du Würstchen, pass auf, dass ich dich nicht zu Mus verarbeite!« Niemals würde der Internationale Boxverband David und Goliat zusammen in den Ring steigen lassen, ihre Gewichtsklassen sind so gegensätzlich, wie sie gegensätzlicher nicht sein können.

David ist ein Hirtenjunge aus Bethlehem, schmächtig, mit feinen Gesichtszügen. Die einzigen Waffen, die er hat, sind eine Schleuder, wie die Kinder sie bauen, und fünf Kieselsteine. Lächerlich!

»Das geht schief, Junge. Lass es sein«, möchten wir ihm zurufen.

David hat allerdings eine besondere »Waffe«, eine, die nicht von dieser Welt ist. Er vertraut darauf, dass Gott ihm die Kraft dazu geben wird, Israel zu verteidigen. – Ist das naiv?

David bringt tatsächlich mit seinen kleinen Steinen den Riesen Goliat zu Fall (1. Samuel 17). »Klasse«, sagen die Enkelsöhne, »solch eine Kraft möchten wir auch haben!« – Wer wünscht sich das nicht! Eine Kraft gegen das, was Angst macht, was sich wie ein Riese vor uns aufbaut. Manchmal ist es das Arbeitspensum. Manchmal ist es ein Konflikt, der unter die Haut geht oder eine schlechte Nachricht.

Wovor Sie auch Angst haben, gehen Sie darauf zu. Wahrscheinlich wirkt es aus der Nähe gar nicht mehr so riesig.

Gott im Himmel und auf Erden,
wie David stehe ich manchmal
einem Goliat gegenüber.
Du weißt, was mir Angst macht,
wem ich viel zu viel Macht über mich gebe.
Ich bitte dich um deine Kraft und deinen Segen,
dass ich mit meinen »Kieselsteinen« Riesen
bezwinge.
Amen.

46 Zu Hause sein

_I_hre Wohnung war einladend, ich habe mich sofort zu Hause gefühlt. Die Blumen auf dem Esstisch hatte sie auf einem Spaziergang gepflückt und hübsch arrangiert. Sofort fiel mir die gemütliche Leseecke am Fenster auf, mit dem Ohrensessel und dem kleinen Tisch, auf dem drei, vier Bücher lagen. An der Wand hinter dem Sekretär hingen mindestens fünfzig Fotos mit wertvollen Erinnerungen. Die Küche sah so aus, als würde sie gerne darin arbeiten, als sei sie ein Ort für tiefe Gespräche.

»My home is my castle«, sagte die Frau, bei der ich zu Gast war. »Ich schätze diesen Ort, an dem ich die Tür hinter mir zumachen kann.« Sie erzählte, wie wichtig ihr dieses Zuhause nach dem Tod ihres Mannes geworden war, nach einer Zeit, in der sie sich ganz neu sortieren und finden musste. Sie brauche diese »Oase« bei allem, was sie im Beruf leisten müsse, was auf sie einströme, wofür sie sich verantwortlich fühle. Mit dem neu gestalteten Heim habe sie für sich Klarheit geschaffen, wie sie leben möchte – unter den neuen Voraussetzungen. Von Vielem habe sie sich getrennt, weil sie damit überfordert gewesen sei. Zu manchen Kompromissen sei sie auf Dauer weder bereit noch in der Lage.

Später erzählte sie von ihrem »inneren Zuhause«. Lange Zeit habe sie mit dem Alleinsein gehadert, habe es mit sich allein nicht ausgehalten. Einen Satz von Karl Valentin habe sie damals in ihr Tagebuch geschrieben: »Heute in mich gegangen, war auch nichts los.«

Ja, da sei nicht viel los gewesen, wenn sie mit sich allein war. Und dann habe sie entdeckt, dass sie Gott zu sich einladen könne. »Das hat mich verändert, in einem langen Prozess«, sagte sie.

Früher habe sie es immer allen recht machen wollen, wie sie das als kleines Mädchen gelernt habe, heute sei sie freier in ihren Entscheidungen. Freier, um Ja oder Nein zu sage. Sie setze sich nicht mehr mit hohen Erwartungen an sich selbst unter Druck, sondern habe ihren eigenen Stil gefunden, wisse nun besser, was sie wolle und was nicht.

Mittlerweile fühle sie sich wohl in ihrer Haut, könne sogar akzeptieren, dass sie Fehler mache. Sie weiß, dass der Hang zum Perfektionismus das Glücklichsein verhindert. Das Vergleichen mit anderen habe sie aufgegeben, es habe sie oft unzufrieden gemacht.

Früher habe sie alles erzwingen wollen. »Das muss doch zu schaffen sein.« Heute höre sie auf ihre innere Stimme, auf Gott. Erstaunlich, was alles möglich geworden sei, als sie aufgehört habe, etwas Gutes aus sich »herauspressen« zu wollen.

Seitdem sie sich Zeit für sich selbst nehme, könne sie die Gemeinschaft mit anderen viel mehr genießen, habe sie mehr zu sagen und zu geben, sei toleranter geworden. Sie habe sich auch mit den Brüchen in ihrem Leben versöhnt.

Faszinierend, welche Wärme und Klarheit, welche innere Spannkraft von dieser Frau ausgingen. Es gibt Begegnungen, die man nie vergisst. Der Besuch bei dieser Frau gehört für mich dazu. Er hat mir den großen Wunsch wieder in Erinnerung gerufen, dass ich in mir selbst zu Hause sein will. Denn wer in sich selbst zu Hause ist, wer mit Gott in sich selbst zu Hause ist, der ist überall zu Hause. Gute Nacht.

Vater im Himmel und auf Erden,
jetzt, am Abend des Tages,
komme ich zu dir,
wie man nach Hause kommt.
Die Bank am Kachelofen ist warm,
die Suppe steht auf dem Tisch
und einer sagt:
»Erzähl mal.«
Wie gut!
Amen.

47 Von guten Mächten geborgen

Dietrich Bonhoeffer schrieb am 19. Dezember 1944 einen bewegenden Brief an seine Verlobte Maria von Wedemeyer. 38 Jahre war er damals alt, der kluge, mutige Theologe, der gesagt hat: »Mag sein, dass der Jüngste Tag (das Ende der Welt; Anmerkung der Autorin) morgen anbricht, dann wollen wir gerne die Arbeit für eine bessere Zukunft aus der Hand legen, vorher aber nicht!«

Dietrich Bonhoeffer saß zu diesem Zeitpunkt im Gefängnis, war einsam, sehnte sich nach seiner jungen Verlobten, war hin- und hergerissen zwischen Hoffen und Bangen. Er fügte seinem Weihnachtsbrief ein selbst verfasstes Gedicht hinzu. Es ist wohl deshalb so beliebt, weil es die Herzen anrührt, weil es unter die Haut geht, weil es zu allen Wegen des Lebens passt:

> *Von guten Mächten wunderbar geborgen,*
> *erwarten wir getrost, was kommen mag.*
> *Gott ist bei uns am Abend und am Morgen,*
> *und ganz gewiss an jedem neuen Tag.*
> EG 65,7

Bonhoeffer richtete diese Zeilen an seine Verlobte, die im Krieg ihren Vater und ihren Bruder verloren hatte;

sie konnte ihre große Liebe nicht leben, nur ersehnen, sie wusste nicht, ob sie ihren Verlobten jemals wiedersehen würde. Darum birgt dieses Lied solche Kraft in sich. Und es gilt für alle Wege des Lebens, die leichten und die schweren.

Uns wird nicht versprochen, dass sich alles in Wohlgefallen auflösen wird. Doch es tröstet uns mit dem Gott, der in allem, was ist, mit uns geht, und der uns eine Zukunft verspricht. Nicht mehr, aber auch nicht weniger.

Von guten Mächten geborgen sein, wer wünscht sich das nicht? Es gilt für Kinder und für Erwachsene. Als er sich für die Chemotherapie vorbereitete, gab sie ihm eine Karte mit einem Engel mit. »Auch starke Männer brauchen einen Engel«, schrieb sie dazu. Engel haben in letzter Zeit eine »Renaissance« erlebt, sie stehen für die guten Mächte Gottes. Lassen wir uns ruhig durch diese Boten Gottes an seine Geborgenheit erinnern, egal, ob sie aus Gesangbuchblättern stammen, in der *Landlust* oder auf Bildern von Botticelli abgebildet sind.

Hören wir den »Abendsegen« aus der Oper »Hänsel und Gretel« von Engelbert Humperdinck:

Abends will ich schlafen gehen,
vierzehn Engel um mich stehn:
Zwei zu meinen Häupten,
zwei zu meinen Füßen,
zwei zu meiner Rechten,

zwei zu meiner Linken,
zweie, die mich decken,
zweie, die mich wecken,
zweie, die mich weisen
zu Himmels Paradeisen.

Wir möchten uns, unsere Kinder und unsere Welt aufgehoben wissen. Wir möchten das nicht nur mit dem Kopf denken, es möge uns im Herzen berühren. Ich wünsche Ihnen eine gute Nacht, von guten Mächten wunderbar geborgen.

Vater im Himmel,
das glaube ich dir:
Wir sind nicht allein in den Tagen
und Nächten des Lebens.
Du fängst uns auf
und bewahrst unser Innerstes.
Bei dir ist Ruhe im größten Sturm.
Unser Sehnen findet, was es sucht.
Danke.
Amen.

48 Darf Liebe auch mal müde sein?

enschen sind keine Maschinen, die immer reibungslos funktionieren. Sie sind kein Perpetuum mobile, das pausenlos läuft, nachdem man es einmal in Gang gesetzt hat. Menschen werden müde. Sie brauchen ausreichend Schlaf, um sich an Körper, Seele und Geist zu erholen. Wer lange Zeit auf Schlaf verzichten muss, der wird krank.

Vor einigen Jahren habe ich den Film »Schlafes Bruder« gesehen. Er spielt in einem Dorf in Vorarlberg. Es geht um die Doppelmoral im ländlichen Milieu, um innere Zwänge, düstere Verstrickungen und ein unglücklich verliebtes Genie. Vieles habe ich vergessen, aber ein Satz hat mich über Jahre beschäftigt. Ein Wanderprediger sagt zu Elias, der Hauptperson: »Wer liebt, schläft nicht!«

Warum hat mich dieser Satz aufgewühlt? Weil er überfordert? Weil er mich daran erinnert, dass ich nicht abschalten kann, ausgestattet mit dem Mutter-Gen »Du bist ein Leben lang zuständig«?

»Wer liebt, schläft nicht.« Sagen Sie das einmal berufstätigen Müttern mit zwei kleinen Kindern. Die sind fünfzehn Stunden am Tag im Einsatz. Essen kochen, zum Kindergarten fahren, arbeiten gehen, Elternabend besuchen, einkaufen, nachmittags Treffen mit Spielkameraden verabreden, zum Kinderturnen und zur Musikschule begleiten, Termine beim Zahnarzt und beim Friseur machen ... Das ist das Standardprogramm – ohne Extras.

Wenn einer sagt: »Sie sehen aber müde aus!«, wie reagieren dann die beschriebenen Mütter? Sagen sie erleichtert: »Endlich hat mal einer gemerkt, welches Pensum ich zu bewältigen habe und wie das schlaucht!«? Oder fühlen sie sich ertappt und greifen tiefer in den Make up-Tiegel? Bloß keine Schwäche zeigen!

Mütter haben Grenzen. Sie können nicht ständig mehr geben, als sie an Zeit, Kraft und Liebe zur Verfügung haben. Und sie sind keine Rabenmütter, wenn sie »kinderfreie Zonen« für sich in Anspruch nehmen. Wer ständig über sein Limit geht, ist irgendwann ausgebrannt, fertig mit der Welt, sich selbst abhandengekommen. Gerade Mütter, die großen Liebenden, die Hochsensiblen, brauchen Schlaf. Gerade die »Kümmerlinge« dieser Welt, die »Kontrollettis« müssen sich ausruhen. Wer jemanden in der Familie pflegt, über Wochen, Monate oder Jahre, der braucht regelmäßig kleine Auszeiten, in denen er auftanken kann.

Liebe darf müde werden. Wir sind nicht für alle Schieflagen und allen Kummer um uns herum zuständig. Wir können nicht immer präsent sein, nicht alles verhindern, alles zum Guten fügen.

Wir werden müde. Das ist menschlich. Wir können nicht immer lieben. Es gibt aber den großen Liebenden, der nicht müde wird. Gott sei Dank. Bei ihm ist eine Liebe, die größer ist als alles, was wir zuwege bringen. Er pflegt ein großes Netzwerk rund um den Globus, ein Netzwerk von Freunden, von Menschen guten Willens, von Engeln und Eingebungen. Dagegen ist Facebook kaum der Rede wert. Schlafen Sie gut. Die Liebe ist wach.

Guter Gott,
er sagte vorhin: »Du siehst müde aus.«
»Mist, man sieht dir an, dass du überfordert bist!«,
habe ich gedacht.
Warum denke ich nicht:
»Ja, ich bin erschöpft, ich mute mir viel zu!«
Meine Kräfte sind begrenzt,
meine Liebe ist auch begrenzt.
Du und ich, wir wissen das.
Segne mein Tun und Lassen
und erinnere mich bitte an schöpferische Pausen.
Amen.

49 Ohne Krimi geht die
Mimi nie ins Bett

Acht Jahre war ich alt, als Bill Ramsey dieses Lied gesungen hat. Die allgemeine Begeisterung für Kriminalgeschichten hat sich bis heute gehalten. Jedes Jahr kommen Hunderte von neuen Titeln auf den Markt.

Was löst die enorme Faszination aus? Ist es der Blick in die Abgründe des Menschen und die wohltuende Erfahrung, dass alles zu einem guten Ende kommt? James Bond kann sich zwanzigmal in einer brenzligen Lage befinden. Wir denken, alles sei aus – und? Nach spektakulären Manövern ist Mister 007 wieder voll da. Wir werden in der Hoffnung auf ein Happy End nicht enttäuscht. Das Gute siegt gegen das Böse, damit können wir beruhigt in die Nacht gehen.

In Krimis werden Familiengeheimnisse gelüftet. Überrascht und geschockt erleben wir, was alles ans Licht kommt, obwohl die Außenseite makellos und unauffällig wirkte. Wir bekommen Einblick in die Seiten eines Menschen, die wir nie für möglich gehalten hätten. Alles scheint weit weg – und ist doch erstaunlich nah. Wir erfahren viel über uns selbst und die Leute an unserer Seite.

Gut und Böse sind miteinander im Menschen verwoben. Bei manchem Schurken beginnen wir zu verstehen, wie er zu einem solchen wurde – dass man ihn als Kind verletzt und vernachlässigt hat oder dass er in etwas hineingeschlittert ist, aus dem es kein Zurück mehr gab oder dass es dunkle Mächte gibt, die einen Menschen gefangen nehmen können.

Bei Chips bibbern wir mit in gruseligen Augenblicken, wenn die Spannung auf ihren Höhepunkt zugeht. Der Adrenalinspiegel steigt. Bilder des Schreckens tun sich auf. Und dann kommt die Erlösung, das Aufatmen.

Welche Bilder hinterlassen die Krimis in unserer Seele? Bilder wühlen auf. Wir wissen, dass sie sich in der Nacht melden, aus den tiefen Schichten des Unterbewusstseins. Das Fernsehgerät können wir ausschalten. Geist und Seele haben keinen entsprechenden Schalter zur Verfügung. Wir wissen nicht, wie die Mimi nach der Lektüre ihrer Krimis geschlafen hat. Jeder mag sich ehrlich fragen, ob sie für ihn eine geeignete Bettlektüre sind, wie sie in ihm weiterarbeiten, am Tag und in der Nacht.

Und wie ist das mit den Märchen? Wir haben sie den Kindern erzählt und ihnen damit einiges zugemutet. Schneewittchen erwacht im gläsernen Sarg aus ihrem Schlaf, nachdem die Stiefmutter sie mit einem Apfel vergiftet hat. Dem bösen Wolf wird in einer Befreiungsaktion der Bauch aufgeschlitzt und mit Wackersteinen gefüllt. Die böse Hexe, die Hänsel gefangen hält und umbringen will, findet ihr Ende in einem Backofen – als gerechte Strafe.

Ja, es gibt böse Menschen, böse Tiere – wir haben vor manchem Angst in der Welt. Aber die Geschichten finden ein gutes Ende. Das beruhigt. Sogar in der Bibel gibt es Kriminalgeschichten. Brudermord, Lügen und Intrigen, die Vernichtung der Menschheit, schlimme Sachen. Doch auch sie enden gut. Neuanfänge sind möglich. Sogar der Tod bleibt nicht Tod.

Geschichten vom guten Ende machen Mut. Sie lassen uns etwas ahnen vom Gut-Aufgehoben-Sein. Mit welcher Geschichte werden Sie heute ins Bett gehen?

Guter Gott,
es gibt nicht nur die guten Mächte in der Welt,
es gibt auch die bösen.
Einige habe ich schon kennengelernt.
Sie machen Angst,
besitzen zerstörerische Kraft,
lösen sich nicht immer in Wohlgefallen auf.
Bitte lass uns mit dem Bösen in dieser Welt nicht allein.
Amen.

50 Den Tag begutachten

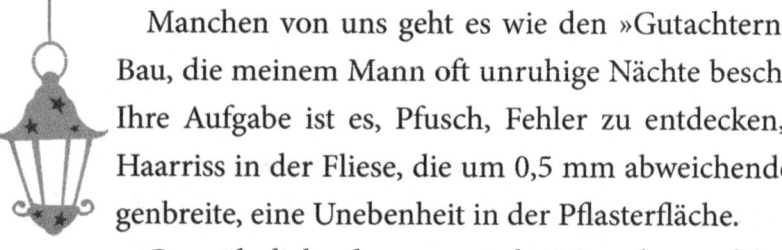

*U*nd siehe, es war sehr gut!« – So sagte Gott am Ende jedes Schöpfungstages. Wie lange mag das her sein? Genau weiß das keiner!

»Und siehe, es war sehr gut!« – Wenn wir heute Abend auf den Tag zurückschauen, was sehen wir dann, was sagen wir dann?

Manchen von uns geht es wie den »Gutachtern« am Bau, die meinem Mann oft unruhige Nächte bescheren. Ihre Aufgabe ist es, Pfusch, Fehler zu entdecken, den Haarriss in der Fliese, die um 0,5 mm abweichende Fugenbreite, eine Unebenheit in der Pflasterfläche.

Ganz ähnlich schauen manche Menschen auf den Tag zurück und erinnern sich nicht zuerst an den frischen Spargel mit Butter und Schinken, nicht an die Vögel, die sie am Morgen geweckt haben, nicht an den überraschenden, lieben Brief einer Freundin. Nein, sie sehen vor allem, was nicht gut war: dass die Pflanzen Blattläuse haben, dass es den Kaffee bei einem anderen Discounter im Sonderangebot gab, dass sich die Fugen in der Dusche schwarz färben, dass sie der von allen hoch gelobte Film enttäuscht hat. Schade. Sie nehmen sich selbst eine Menge Lebensfreude, indem sie das Gute kaum würdigen, aber das Negative »meditieren«.

Worauf sind wir fixiert? Auf den Mangel, den wir entdecken, oder auf das Schöne? Was kommt häufiger aus unserem Mund? Kritik oder Lob? Sehen wir in jedem Problem eine Möglichkeit oder in allem, was ist, ein Problem? Manche beachten nicht die 99 schönen Dinge, die ihnen der Tag beschert hat; für sie hat die eine Sache, die nicht rundgelaufen ist, ein viel größeres Gewicht. Sehen wir bei unserem Partner mehr auf das, was uns stört, oder auf das, was wir an ihm schätzen? Sehen wir am Altwerden eher die Einschränkungen oder auch die Chancen, die damit verbunden sind? Überwiegt das in unserem Rückblick, was wir am vergangenen Tag nicht geschafft haben, oder fällt uns das Viele ein, was wir getan, erlebt und genossen haben?

Kurt Tucholsky hat im Jahre 1927 ein schönes Gedicht geschrieben: »Das Ideal«. Am Ende heißt es:

Etwas ist immer. Tröste dich.
Jedes Glück hat einen Stich.
Wir möchten so viel: Haben. Sein. Und gelten.
Dass einer alles hat: Das ist selten.[8]

Auch wenn der Tag unvollkommen war, auch wenn das Leben nicht immer so verläuft, wie wir es uns wünschen – nehmen Sie wahr, was alles gut ist. Gott ist der, der für gut achtet – durch seine Güte. Gott ist der, der gut spricht.

»Benedicere« (lat.) heißt gut sprechen – segnen! Lassen Sie uns den Tag segnen, unser Tun und Lassen, Versuchen und Versäumen, Suchen und Entdecken.

Vater im Himmel und auf Erden,
ich schaue zurück auf den Tag,
auf das, was ich gesagt und nicht gesagt habe,
auf das, was ich geschafft und nicht geschafft habe.
Ich sage dem eitlen Kritiker in mir:
Lass es gut sein!
Ich segne diesen Tag und bin zufrieden.
Falls mir dennoch etwas auffällt, was heute nicht
gut war,
gib mir morgen die Chance, es besser zu machen.
Gute Nacht.

51 Die Muße wiederentdecken

üßiggang ist aller Laster Anfang.« Mit dieser Botschaft bin ich groß geworden. Die Eltern haben hart gearbeitet, um nach dem Krieg ein Zuhause für die Familie zu schaffen. Das Geld war knapp, sehr knapp – und wie das so ist: »Von nix kommt nix.«

Wir sind heute mit einem enormen Tempo unterwegs. Ich muss erst einmal schlucken, wenn eine mir nahestehende junge Frau erzählt, dass sie morgens von einem Seminar in Travemünde nach Hamburg fährt und dort in den Flieger nach Köln steigt, um am Nachmittag die Söhne aus dem Kindergarten abholen zu können. Wir können den Kopf schütteln über das volle Tagesprogramm mancher Menschen. Wir können fragen: »Und wann leben die?« Aber wir selbst sind auch ein Teil des Systems. Wir können nicht einfach aussteigen.

Immer mehr Menschen sagen: »Seltsam, ich kann gar nicht mehr richtig abschalten, nicht einmal in Ruhezeiten. Innerlich bin ich kribbelig und denke: Dies könntest du noch machen und das auch noch – und bei dem hast du dich auch schon lange nicht mehr gemeldet. Es gibt einfach immer etwas zu tun und zu bedenken!

»Das Schönste am Abend ist für mich die Muße«, sagt mein Mann, »wenn keiner etwas von mir will, wenn ich keinen Druck habe.« Er genießt es, wenn er seinen Gedanken freien Lauf lassen kann, in Anlehnung an Johann Wolfgang von Goethe: »Nichts zu suchen, das war mein Sinn.« Beim Dösen, beim Durchblättern von Katalogen, beim Gang durch seine Werkstatt und den Garten bekommt er die besten Ideen für Entwürfe und Lösungen. Genau dann, wenn er nicht angestrengt nach ihnen sucht. Ulrich Schnabel bestätigt das in seinem lesenswerten Buch *Muße – Vom Glück des Nichtstuns*. Auch der englische Naturwissenschaftler und Philosoph Sir Isaac Newton hat seine berühmte Gravitationstheorie nicht am Schreibtisch entwickelt oder im Labor. Im heimischen Obstgarten, als er unter einem Baum saß und die Äpfel anschaute – da ist es passiert!

Aus eigener Erfahrung kann ich anfügen: Meine besten Einfälle kommen selten dann, wenn ich sie grübelnd »herbeidenken« möchte. Sie fliegen mir zu beim Bügeln, beim Unkrautjäten und in der Küche. Deshalb ist es sinnvoll, stets einen Notizzettel bei sich zu tragen. Man weiß ja nie!

Wir brauchen schöpferische Pausen, einen leeren Kopf – das, was unsere jungen Leute »Chillen« nennen. Dann wird die Muße, der Müßiggang »aller Kreativität Anfang«. Die Welt dreht sich für einen Moment ohne uns weiter – ohne dass etwas zusammenbricht.

Der Abend ist eine wunderbare Gelegenheit für die Muße. Ich wünsche Ihnen diesen Luxus, dass Sie bei sich selbst ankommen, Ihre Fantasie ganz neu entdecken und spüren, dass Ihnen etwas zufliegt.

Guter Gott,
der Kopf ist voll,
wie sollst du mich erreichen?
Ich habe »alle Hände voll« zu tun,
du hast kaum eine Chance, mich zu beschenken.
Ich wünsche mir Muße,
Zeiten, in denen du bei mir landen kannst,
in denen ich offen bin für dich,
für deinen Reichtum, für das Leben.
Amen.

52 In der Mitte der Nacht ...

*I*n der Mitte der Nacht liegt der Anfang eines neuen Tags, und in ihrer dunklen Erde blüht die Hoffnung.« – Sybille Fritsch.[9]

Es ist duster, zappenduster. Sie wissen nicht, wie es weitergehen soll. Drei Jahre sind sie mit Jesus unterwegs gewesen, die jungen Männer aus Galiläa. Drei unglaubliche Jahre! Wo Jesus war, bekam die Welt ein anderes Gesicht. Blinde konnten sehen, Knoten wurden gelöst, wer geduckt durchs Leben gegangen war, lernte den aufrechten Gang. Taube konnten wieder hören. Frauen, die das Leben kleingemacht hatte, trauten sich etwas zu. Wer schwere Lasten im Lebensrucksack zu tragen hatte, bekam Marscherleichterung. Es gab die Chance zum Neuanfang, zum Heilwerden, zur Versöhnung, zu neuen Einsichten. Mit fünf Broten und zwei Fischen hat Jesus über fünftausend Menschen satt gemacht.

Und jetzt? Jesus ist nicht mehr da. Wie soll es weitergehen? Die jungen Männer haben Träume gehabt – von einer neuen Zeit, einer neuen Welt. Und dann diese niederschmetternde Enttäuschung. Alles ist aus und vorbei! Mit hängenden Köpfen gehen sie zu ihren Familien zurück.

»Wisst ihr was, Jungs, ich gehe fischen«, sagt Petrus. »Es muss irgendwie weitergehen. Wir können hier doch nicht sitzen und Trübsal blasen.« Die Landfrauen würden an dieser Stelle sagen: »Egal, was kommt, die Kühe müssen gemolken werden!«

Die Männer fahren also raus auf den See – wie früher. Sie werfen ihre Netze aus – wie früher. Jeder Handgriff sitzt – wie früher. Als sie die Netze einholen, schauen sie bedröppelt aus der Wäsche. Die Netze sind leer. Sie verstehen die Welt nicht mehr.

Das ist bitter. Die jungen Männer stehen vor dem Nichts! Vergeblich gefischt, vergeblich gehofft. Unser Wort »Frust« kommt von dieser Vergeblichkeit. Viele kennen solche Stunden. Sie haben sich Mühe gegeben, haben Zeit und Kraft und Liebe investiert. Und am Ende steht die Erfahrung: alles umsonst! Mein Einsatz ist das eine – was daraus wird, ist das andere. Mütter und Väter, Lehrer und Therapeuten, Politiker und Theologen, Ehrenamtliche aus allen Bereichen kennen das.

Und dann geht die Sonne am See Genezareth auf. »Na, Jungs, habt ihr nichts zu essen?«, fragt ein Mann am Ufer – und ich kann mir vorstellen, dass er dabei lächelt. Die ganze Nacht ist er dabei gewesen, er, den sie für tot hielten. Er hat gesehen, wie sie gearbeitet haben, wie das blanke Entsetzen sie gepackt hat. Jesus ist immer da, auch dann, wenn wir vor dem Nichts stehen, wenn wir im Dunkeln fischen, wenn wir Zeiten tiefster Verlassenheit erleben.

»Werft die Netze noch mal aus«, sagt er. Gegen alles

Fischerwissen folgen sie seiner Anweisung. Auf sein Wort hin wollen sie es noch einmal versuchen. Und sie kommen aus dem Staunen nicht mehr heraus. Die Netze sind so voll, dass sie zu zerreißen drohen (Johannes 21,1-14).

Jesus ist da, in der Mitte der Nacht, egal, wie dunkel sie ist. Er schenkt den Anfang eines neuen Tags. In der dunklen Erde blüht die Hoffnung. Seien Sie gut behütet.

Guter Gott,
neues Leben ist möglich
mit dir.
Bin ich dafür bereit
oder habe ich mich längst
eingerichtet und zufrieden gegeben
mit dem, was ist?
Heute Abend möchte ich dir sagen,
dass ich mich nach dem neuen Leben sehne,
das mit dir möglich ist.
Bitte lass es in mir wachsen.
Amen.

Anmerkungen

1 Walter Krumbach, www.sandmaennchen.de; zuletzt aufgerufen am 29.7.14.
2 Quelle unbekannt.
3 Mascha Kaleko: In meinen Träumen läutet es Sturm, München 1997.
4 Quelle unbekannt.
5 Aus: Schwank und Scherz für Haus und Herz.
6 Der Sorgenbaum, aus: Andere Zeiten. Magazin zum Kirchenjahr 3/2012 © Andere Zeiten e.V., Hamburg.
7 Quelle unbekannt.
8 Aus: Berliner Illustrierte Zeitung 31, 31.7.1927.
9 Sybille Fritsch: In der Mitte der Nacht (Refrain), aus: Fritz Baltruweit, Meine Lieder, Seite 114 © tvd-Verlag Düsseldorf, 1996.

Verwendete Literatur:

Reinhard Deichgräber: Trost der Nacht, Göttingen 1993.

Heidrun Kuhlmann

Das Bier riecht nach dem Fass

95 mal Luther für die Alltage des Lebens

Sieh dir die Mutter deiner Braut an, bevor du heiratest. Denn: „Das Bier riecht nach dem Fass." Martin Luther, wie man ihn kennt: mit Augenzwinkern das Thema auf den Punkt gebracht. – Aus welcher Kraft hat der Reformator gelebt? Was hat ihn gefreut, wo fand er Ruhe? Wie ist es möglich, mit allem, was uns am Boden hält, die Nähe Gottes zu bemerken? Dieses Buch regt an und auf, verbindet in 95 kurzen Texten Lebensthemen der Menschen heute mit denen Luthers.

Gebunden, 13,5 x 20,5 cm, 224 Seiten
ISBN 978-3-7751-5444-4

SCM
Hänssler

Heidrun Kuhlmann

Himmelsglanz und Erdenschwere

Erfrischende Erfahrungen

Erfrischende Texte machen Mut, im „erdenschweren" Alltag den „Himmelsglanz" zu sehen, neu auf die Gegenwart Gottes zu achten, seine Fürsorge und Leitung wahrzunehmen. Lebensnah und echt – das ist das Markenzeichen der Texte Heidrun Kuhlmanns.

Paperback, 13,5 x 20,5 cm, 160 Seiten
ISBN 978-3-7751-5306-5

SCM
Hänssler